VOOR ECHT VOEDSEL

Inhoud

Hoofdstuk nr. 1

Van voeding tot voedingsstoffen

Als je in de jaren tachtig tijd in een supermarkt doorbracht, is je misschien iets vreemds opgevallen. Voedsel verdween geleidelijk uit de schappen. Niet letterlijk verdwijnen - ik heb het niet over schaarste in Sovjetstijl. Nee, de schappen en koelkasten waren nog steeds overladen met pakketten, dozen en zakken met verschillende soorten eetwaren, die er eigenlijk elk jaar meer werden, maar veel van het traditionele supermarktvoedsel werd vervangen door 'voedingsstoffen', wat niet hetzelfde is. . Waar ooit de bekende namen van herkenbare eetwaren - dingen als eieren, ontbijtgranen of snacks - de belangrijkste plaats innamen in de kleurrijke verpakkingen die de gangpaden propten, kwamen nieuwe wetenschappelijk klinkende termen als 'cholesterol', 'vezel' en 'verzadigd vet” zijn begonnen. op de voorgrond komen te staan. Belangrijker dan eenvoudige voedingsmiddelen, werd gedacht dat de aan- of afwezigheid van deze onzichtbare stoffen gezondheidsvoordelen zou opleveren voor degenen die ze consumeerden. De impliciete boodschap was dat voedsel, in vergelijking, ruw, ouderwets en ongetwijfeld onwetenschappelijk was - wie zou kunnen zeggen wat het bevatte? Maar voedingsstoffen - die chemische verbindingen en minerale zouten in voedingsmiddelen waarvan wetenschappers hebben vastgesteld dat ze belangrijk zijn voor onze gezondheid - glinsterden met de belofte van wetenschappelijke zekerheid. Eet meer van het goede, minder van het verkeerde en je zult langer leven, chronische ziekten vermijden en afvallen. ouderwets en onmiskenbaar onwetenschappelijk - wie zou kunnen zeggen wat ze bevatten? Maar voedingsstoffen - die chemische verbindingen en minerale zouten in voedingsmiddelen waarvan wetenschappers hebben vastgesteld dat ze belangrijk zijn voor onze gezondheid - glinsterden met de belofte van wetenschappelijke zekerheid. Eet meer van het goede, minder van het verkeerde en je zult langer leven, chronische ziekten vermijden en afvallen. ouderwets en onmiskenbaar onwetenschappelijk - wie zou kunnen zeggen wat ze bevatten? Maar voedingsstoffen - die chemische verbindingen en minerale zouten in voedingsmiddelen waarvan wetenschappers hebben vastgesteld dat ze belangrijk zijn voor onze gezondheid - glinsterden met de belofte van wetenschappelijke zekerheid. Eet meer van het goede, minder van het verkeerde en je zult langer leven, chronische ziekten vermijden en afvallen.

Het voedingsconcept bestaat al sinds het begin van de 19e eeuw. Was toen William Prout, een Engelse arts en chemicus, identificeerde de drie belangrijkste componenten van voedsel, eiwitten, vetten en koolhydraten die bekend zouden worden als macronutriënten. Om de ontdekking van Prout te consolideren, voegde Justus von Liebig, een grote Duitse wetenschapper die beschouwd wordt als een van de grondleggers van de organische chemie, wat mineralen toe aan de grote boom en verklaarde dat het mysterie van diervoeding - hoe voedsel in vlees en energie verandert - was opgelost. Dit is dezelfde Liebig die de macronutriënten van de bodem identificeerde: stikstof, fosfor en kalium (bekend bij boeren en tuinders door de symbolen op het periodiek systeem: N, P, K). Liebig zei dat alle planten die nodig zijn om te leven en te groeien deze drie elementen zijn, en dat is het dan. Net als planten, mensen: in 1842, Liebig ontrafelde het mysterie van menselijke voeding en ontwikkelde vervolgens een vleesextract - Liebig's Extratum Carnis - dat een vleesbouillon werd en de eerste babyvoeding produceerde, die bestond uit koemelk, tarwebloem, gemoute bloem en kaliumbicarbonaat.

Liebig, de vader van de moderne voedingswetenschap, zette voedsel in het nauw en dwong hen hun chemische geheimen te onthullen. Maar de post-Liebig consensus dat de wetenschap toen heel goed wist wat er in voedsel aan de hand was, duurde niet lang. Artsen begonnen op te merken dat veel van de baby's die uitsluitend met

Liebig's melk werden gevoed, zich niet goed ontwikkelden. (Niet verrassend, aangezien de formule alle vitamines en verschillende essentiële aminozuren en vetten miste.) Artsen die ontdekten hoe vaak zeelieden ziek werden tijdens lange oceaanreizen, zelfs wanneer ze voldoende eiwitten, koolhydraten en vet kregen, begonnen om te bedenken dat Liebig misschien wat kleine dingen in het eten heeft gemist. De chemici misten duidelijk iets: sommige ingrediënten die aanwezig waren in de verse groenten (zoals sinaasappels en aardappelen) die op wonderbaarlijke wijze de zeelieden genas. Deze waarneming leidde aan het begin van de 20e eeuw tot de ontdekking van de eerste reeks micronutriënten, die de Poolse biochemicus Casimir Funk, die oudere vitalistische ideeën overnam, in 1912 "vitaminen" ("vita", leven en " aminen". , organische verbindingen georganiseerd rond stikstof).

Vitaminen hebben een grote bijdrage geleverd aan het prestige van de voedingswetenschap.

Deze speciale moleculen, die eerst uit voedsel werden geïsoleerd en later in het laboratorium werden gesynthetiseerd, konden voedingstekorten zoals scheurbuik en beriberi bijna van de ene op de andere dag verhelpen, als een overtuigend bewijs van de reducerende kracht van de chemie. Vanaf de jaren twintig kwamen vitamines in de mode voor de middenklasse, een groep die niet merkbaar last had van beriberi of scheurbuik. Maar men begon te geloven dat zulke magische moleculen ook groei bij kinderen bevorderden, een lang leven voor volwassenen en, in een uitdrukking van die tijd, 'positieve gezondheid' voor iedereen. (En wat is "negatieve gezondheid" precies?) Vitaminen brachten een soort glamour in de voedingswetenschap, en hoewel bepaalde segmenten van de elite toen begonnen te eten vanuit het oogpunt van vitamine-experts,

Er was geen enkele gebeurtenis die de verschuiving markeerde van het eten van voedsel naar het eten van voedingsstoffen, hoewel terugkijkend, een weinig opgemerkt politiek gekibbel in Washington in 1977 lijkt te hebben geholpen de Amerikaanse cultuur op dit ongelukkige en noodlottige pad te duwen. verlicht. In reactie op berichten over een alarmerende toename van voedingsgerelateerde chronische ziekten - waaronder hartaandoeningen, kanker, zwaarlijvigheid en diabetes - hield de Senaatscommissie voor voeding en menselijke behoeften, voorgezeten door senator George McGovern uit South Dakota, sessies over de kwestie. De commissie was in 1968 opgericht met als missie om ondervoeding uit te bannen, en haar werk had geleid tot de oprichting van verschillende belangrijke voedselhulpprogramma's. Om nu de kwestie van voeding en chronische ziekten in de algemene bevolking aan te pakken, was een beetje een extrapolatie van doelen, maar allemaal in de naam van een goed doel, waar niemand bezwaar tegen kon maken.

Na twee dagen getuigenissen over voeding en dodelijke ziekten te hebben gehoord, heeft de commissie
die niet bestond uit wetenschappers of artsen, maar uit advocaten en (hmm!) journalisten - begon met de
voorbereiding van wat hij alle reden had om aan te nemen dat het een

onomstreden document zou zijn, de zogenaamde Dietary Goals. De commissie ontdekte dat hoewel het aantal coronaire hartziekten in de Verenigde Staten sinds de Tweede Wereldoorlog omhooggeschoten was, bepaalde andere culturen die traditionele, voornamelijk plantaardige diëten consumeerden, een zeer laag percentage chronische ziekten hadden. Epidemiologen hebben ook opgemerkt dat tijdens de oorlogsjaren, toen vlees en zuivel strikt gerantsoeneerd waren, het aantal hartziekten tijdelijk daalde, om pas weer te stijgen nadat de oorlog voorbij was.

Vanaf de jaren vijftig raakte in wetenschappelijke kringen steeds meer de opvatting dat de consumptie van vet en cholesterol uit de voeding, grotendeels afkomstig uit vlees en zuivelproducten, verantwoordelijk was voor de toename van het optreden van hartziekten in de 20e eeuw. . De "lipidehypothese", zoals die werd genoemd, was al aangenomen door de American Heart Association, die in 1961 was begonnen met het aanbevelen van een "verstandig dieet" met weinig verzadigde vetten en cholesterol uit dierlijke producten. Het is waar dat het feitelijke bewijs van de lipidehypothese in 1977 erg zwak was - het was nog steeds op het niveau van de hypothese, maar een hypothese die op het punt stond algemene acceptatie te krijgen.

In januari 1977 publiceerde de commissie een reeks zeer duidelijke voedingsrichtlijnen, waarin de Amerikanen werden opgeroepen om rood vlees en zuivel te schrappen. Binnen enkele weken overspoelde de commissie een explosie van kritiek, voornamelijk afkomstig van de vlees- en zuivelindustrie, en senator McGovern (die veel boeren had onder zijn kiezers in South Dakota) werd gedwongen zich terug te trekken. De aanbevelingen van de commissie werden haastig herschreven. Het duidelijke gesprek over eten zelf

de commissie had Amerikanen geadviseerd om "de vleesconsumptie te verminderen" - het werd vervangen door een ingenieus compromis: "Kies vlees, gevogelte en vis die de consumptie van verzadigde vetten verminderen."

Negeer voorlopig de misschien bestaande deugden van een vlees- en/of vetarm dieet, zaken waar ik nog op terug zal komen, en focus even op taal. Want met deze plotselinge veranderingen in formulering onderging een hele manier van denken over voeding en gezondheid een enorme transformatie. merk eerst op dat de categorische boodschap "eet minder" van een bepaald voedingsmiddel - in dit geval vlees - is weggelaten; zoek het niet op in een officiële uitspraak van de Amerikaanse regering over voedsel. Je kunt van dit of dat eten zeggen wat je wilt, maar je mag officieel niet zeggen dat mensen er minder van moeten eten, anders scheurt de industrie je aan flarden. Maar er is een manier om dit onwrikbare obstakel te omzeilen, en het waren de adviseurs van McGovern die het prezen: praat niet meer over voedsel, alleen over voedingsstoffen. Merk op hoe in de herziene richtlijnen het onderscheid tussen entiteiten die zo verschillend zijn als rundvlees, kip en vis, is verdwenen. Deze drie eerbiedwaardige voedingsmiddelen, die elk niet alleen een andere soort vertegenwoordigen, maar ook een geheel andere taxonomische klasse, werden nu op één hoop gegooid als systemen voor het afleveren van enkelvoudige voedingsstoffen. Merk ook op hoe de nieuwe taal het eten zelf vrijstelt. Nu is de boosdoener een obscure, onzichtbare, smakeloze - en politiek niet-verbonden - substantie die zich al dan niet kan verbergen in zogenaamde verzadigde vetten.

Taalkundige capitulatie verloste McGovern niet van zijn fout. bij de verkiezingen

De les van het McGovern-fiasco werd snel opgepikt door iedereen die zich uitsprak over het Amerikaanse dieet. Toen de National Academy of Sciences een paar jaar later de kwestie van voeding en kanker onderzocht, was het voorzichtig bij het formuleren van haar aanbevelingen voedingsstof voor voedingsstof in plaats van voedsel voor voedsel, om te voorkomen dat machtige belangen worden beledigd. We weten nu dat de 13-wetenschappelijke commissie van de academie deze benadering volgde vanwege de bezwaren van ten minste twee van haar leden, die beweerden dat de meeste beschikbare wetenschappelijke gegevens wezen op conclusies over voedingsmiddelen, niet over voedingsstoffen. Volgens T. Colin Campbell, een voedingsbiochemicus van Cornell die in de commissie zat, toonden alle onderzoeken naar de menselijke populatie die voedingsvet aan kanker koppelden in feite aan dat de groepen met de hoogste incidentie van kanker niet alleen meer vet consumeerden, maar ook meer dierlijk voedsel. en minder plantaardig voedsel. "Dit betekende dat deze kankers heel goed konden worden veroorzaakt"

door dierlijke eiwitten, cholesterol in de voeding, een ander element dat uitsluitend voorkomt in voedingsmiddelen op basis van dierlijke producten, of door een gebrek aan plantaardig voedsel", zei Campbell jaren later. Het argument was aan dovemansoren gericht.

Evenzo, in het geval van "goede voedingsmiddelen", hadden ook voedingsstoffen de overhand: de taal van het eindrapport benadrukte de voordelen van antioxidanten in groenten in plaats van de groenten zelf. Joan Gussow, een voedingsdeskundige aan de Columbia University die in de commissie zat, veroordeelde de focus op voedingsstoffen in plaats van op voedsel. "De echt belangrijke boodschap in de epidemiologie, en dat is alles wat we hoefden te doen, was dat sommige groenten en citrusvruchten leken te beschermen tegen kanker. Maar deze delen van het rapport waren geformuleerd alsof het de vitamine C in citrusvruchten of de bètacaroteen in groenten was die verantwoordelijk waren voor het effect. Ik veranderde steeds van toespraken om te praten over 'voedingsmiddelen die vitamine C bevatten' en 'voedingsmiddelen die carotenen bevatten'. Waarom, hoe is het mogelijk om onderscheid te maken tussen de componenten van wortelen of broccoli? Er zijn honderden carotenen. Maar de biochemici hadden hun antwoord: 'Je kunt geen test doen op basis van broccoli.'"

Dus voedingsstoffen gewonnen uit voedsel. Het beroep van de commissie op wetenschappelijk reductionisme had de grote verdienste dat het politiek handig was (in het geval van vlees en zuivelproducten) en, voor deze wetenschappelijke erfgenamen van Justus von Liebig, intellectueel sympathiek was. Met elk van de hoofdstukken gericht op een enkele voedingsstof, formuleerde het definitieve ontwerp van Dieet, Voeding en Kanker zijn aanbevelingen in termen van verzadigde vetten en antioxidanten in plaats van vlees en broccoli.

Daarbij hielp het rapport van de National Academy of Sciences uit 1982 bij het codificeren van de nieuwe officiële voedseltaal die we allemaal nog steeds spreken. De industrie en de media volgden al snel dit voorbeeld, en termen als meervoudig onverzadigd, cholesterol, enkelvoudig onverzadigd, koolhydraten, vezels, polyfenolen, aminozuren, flavonolen, carotenoïden, antioxidanten, probiotica en fytochemicaliën koloniseerden al snel een groot deel van de culturele ruimte die voorheen werd ingenomen door tastbaar materiaal. voorheen bekend als voedsel.

Het was het begin van de Age of Nutritionism.

hij deed in een campagne een beroep op het ministerie van Buitenlandse Zaken van de regering-Bush om de aanbeveling aan te passen en dreigde te lobbyen bij het Congres om subsidies aan de WHO te verminderen als die niet zou intrekken. Misschien moeten we onze hand naar de hemel heffen omdat de verzadigde vetbelangen nog niet zo'n lobby hebben georganiseerd.

Hoofdstuk nr. 2

voedingspatroon

De term is niet van mij. Het werd bedacht door een Australische wetenschapssocioloog, Gyorgy Scrinis genaamd, en voor zover ik kan nagaan verscheen het in 2002 in een essay getiteld "Sorry Marge", in een Australisch kwartaalblad genaamd Meanjin. "Sorry Marge" zag margarine als het ultieme voedingsproduct, in staat om zijn identiteit te veranderen (cholesterolvrij! het ene jaar naar transvetvrij! het volgende) afhankelijk van de heersende wind van mening over voedsel. Maar Scrinis had een groter spel voor ogen dan pasta-achtige plantaardige olie. Hij stelde voor om verder te kijken dan de verschillende voedingsclaims die rond margarine en boter zwerven en de onderliggende boodschap van het debat zelf in overweging te nemen: "Met andere woorden, dat we voedsel en ons lichaam moeten begrijpen en ermee omgaan in termen van hun bestanddelen en behoeften— ervan uitgaande dat dit alles is wat we nodig hebben." Deze reductionistische manier van denken over voedsel is al eerder opgemerkt en bekritiseerd (vooral door de Canadese historicus Harvey Levenstein, de Britse voedingsdeskundige Geoffrey Cannon en de Amerikaanse voedingsdeskundigen Joan Gussow en Marion Nestle), maar heeft nooit een echte naam gekregen: 'voedingskunde'. Eigennamen kunnen zichtbaarheid geven aan wat we niet gemakkelijk zien of accepteren als een voldongen feit. door de Britse voedingsdeskundige Geoffrey Cannon en de Amerikaanse voedingsdeskundigen Joan Gussow en Marion Nestle), maar had nooit een eigennaam gekregen: "nutritionism". Eigennamen kunnen zichtbaarheid geven aan wat we niet gemakkelijk zien of accepteren als een voldongen feit. door de Britse voedingsdeskundige Geoffrey Cannon en de Amerikaanse voedingsdeskundigen Joan Gussow en Marion Nestle), maar had nooit een eigennaam gekregen: "nutritionism".

Eigennamen kunnen zichtbaarheid geven aan wat we niet gemakkelijk zien of accepteren als een voldongen feit.

Het eerste dat u moet begrijpen over voedingsleer is dat het geen synoniem is van voeding. Zoals het 'isme' suggereert, is dit geen wetenschappelijke kwestie, maar een ideologie. Ideologieën zijn manieren om grote delen van leven en ervaring te organiseren onder een reeks gedeelde maar niet-onderzochte veronderstellingen. Dit kenmerk maakt een ideologie bijzonder moeilijk te zien, althans omdat ze haar kracht uitoefent op onze cultuur. Een heersende ideologie is een beetje zoals tijd - alomtegenwoordig en daarom vrijwel onontkoombaar. Toch kunnen we het proberen.

In het geval van voedingsleer is de algemeen gedeelde maar niet onderzochte veronderstelling dat de sleutel tot het begrijpen van voedsel in feite de voedingsstof is. Met andere woorden: voedsel is in wezen de som van de voedingsstoffen. Vanuit dit uitgangspunt volgen er nog een aantal andere.

Omdat voedingsstoffen, in tegenstelling tot voedsel, onzichtbaar en daardoor enigszins mysterieus zijn, is het aan wetenschappers (en journalisten, via wie wetenschappers het publiek bereiken) om ons de verborgen realiteit van voedsel uit te leggen. Formeel gezien is het een quasi-religieus idee, dat suggereert dat de zichtbare wereld er niet echt toe doet, wat de noodzaak van een priesterschap impliceert. Om een wereld te betreden waarin je voedselverlossing afhankelijk is van onzichtbare voedingsstoffen, heb je veel deskundige hulp nodig.

Maar deskundige hulp om precies wat te doen? Dit brengt ons bij een andere niet-onderzochte veronderstelling: dat men uitsluitend eet om de lichamelijke gezondheid te behouden. De beroemde aanbeveling van Hippocrates, "Laat voedsel uw medicijn zijn", wordt ritueel ingeroepen om dit idee te ondersteunen. Ik laat het uitgangspunt voor nu alleen, behalve om erop te wijzen dat het niet door alle culturen wordt gedeeld en bovendien dat de ervaring van deze andere culturen suggereert dat, paradoxaal genoeg, het associëren van voedsel met andere aspecten dan fysieke gezondheid - zoals plezier, zeg maar, of gezelligheid of identiteit - het maakt mensen niet minder gezond; in feite is er enige reden om aan te nemen dat het hen gezonder zou kunnen maken. Dit is wat we meestal in gedachten hebben als we het hebben over de Franse paradox. Daarom,

Ervan uitgaande dat voedsel in de eerste plaats dient om de lichamelijke gezondheid te bevorderen, moeten de voedingsstoffen in voedsel worden verdeeld in gezonde en ongezonde - goede en slechte voedingsstoffen. Dit is een kenmerk van het denken van voedingsdeskundigen sinds de dagen van Liebig, voor wie het niet genoeg was om voedingsstoffen te identificeren; je moest ook favorieten kiezen, en dat doen voedingsdeskundigen sindsdien. Liebig beweerde dat eiwit "de belangrijkste voedingsstof" in diervoeding was omdat het de groei leek te stimuleren. In feite stelde hij de rol van eiwit bij dieren gelijk aan die van stikstof in planten: eiwit (dat stikstof bevat) vormde de essentiële menselijke meststof. Liebigs promotie van eiwitten domineert al tientallen jaren het denken van voedingsdeskundigen. Ondertussen werkten volksgezondheidsfunctionarissen om de toegang tot de belangrijkste voedingsstof en de productie ervan (vooral in de vorm van dierlijke eiwitten) uit te breiden, met als doel grotere en dus (vermoedelijk) gezondere mensen te creëren. (Prioriteit voor westerse regeringen in keizerlijke oorlogen.) Voor een groot deel hebben we nog steeds een voedselsysteem dat is georganiseerd rond de promotie van eiwitten als de belangrijkste voedingsstof. Dat systeem gaf ons onder andere enorme hoeveelheden goedkoop vlees en melk, wat ons op zijn beurt enorm lange mensen opleverde. Of ze gezonder zijn, is ook een tweede. (Prioriteit voor westerse regeringen in keizerlijke oorlogen.) Voor een groot deel hebben we nog steeds een voedselsysteem dat is georganiseerd rond de promotie van eiwitten als de belangrijkste voedingsstof. Dat systeem gaf ons onder andere enorme hoeveelheden goedkoop vlees en melk, wat ons op zijn beurt enorm lange mensen opleverde. Of ze gezonder zijn, is ook een tweede. (Prioriteit voor westerse regeringen in keizerlijke oorlogen.) Voor een groot deel hebben we nog steeds een voedselsysteem dat is georganiseerd rond de promotie van eiwitten als de belangrijkste voedingsstof. Dat systeem gaf ons onder andere enorme hoeveelheden goedkoop vlees en melk, wat ons op zijn beurt enorm lange mensen opleverde. Of ze gezonder zijn, is ook een tweede.

Het lijkt een voedingsregel te zijn dat voor elke goede voedingsstof

er is een slechte, om als contrast te dienen, deze is een focus voor onze angsten en de eerste voor ons enthousiasme. Aan het begin van de vorige eeuw was er een verzet tegen eiwit in de Verenigde Staten, toen voedselgoeroes zoals John Harvey Kellogg en Horace Fletcher (waar ik het later over zal hebben) klaagden over de schadelijke effecten van eiwit op de spijsvertering (de stof zou leiden tot de verspreiding van giftige bacteriën). in de darm) en bevorderde in plaats daarvan de schonere, gezondere koolhydraten. De erfenis van deze herbeoordeling is de ontbijtgranen, waarvan het strategische doel was om dierlijke eiwitten in de ochtendmaaltijd te onttronen.

Sindsdien is de geschiedenis van het moderne voedingspatroon de geschiedenis van macronutriënten in oorlog: eiwit versus koolhydraten; koolhydraten versus eiwitten; en dan vetten, vetten versus koolhydraten. Sinds Liebig heeft de voedingsleer in elk tijdperk bijna al zijn energie rond een imperiale voedingsstof georganiseerd: eiwitten in de 19e eeuw, vet in de 20e en natuurlijk koolhydraten zullen onze aandacht in de 21e eeuw in beslag nemen. Ondertussen woeden, in de schaduw van deze titanenstrijd, kleine burgeroorlogen binnen de uitgestrekte rijken van de grote drie: geraffineerde koolhydraten versus vezels; dierlijk eiwit versus plantaardig eiwit; verzadigde vetten versus meervoudig onverzadigde vetten; dan, diep in het meervoudig onverzadigde gebied, omega-3 versus omega-6-vetzuren. Zoals zoveel ideologieën, hangt voedingspatroon in wezen af van een vorm van dualisme, dus er moet altijd een slechte voedingsstof zijn voor de partizanen om te veroordelen en een verlosser om te zaligmaken. Op dit moment spelen transvetten bewonderenswaardig de eerste rol, omega-3-vetzuren de laatste. Het is duidelijk dat een dergelijke manicheïsche kijk op voeding ongetwijfeld voedselrages en -fobieën en grote abrupte schommelingen in de voedingsslinger zal bevorderen.

Een andere potentieel ernstige zwakte van de voedingskundige ideologie is dat, gefocust

Hoe meedogenloos het ook is in de voedingsstoffen die het kan meten, het heeft moeite om kwalitatieve verschillen tussen voedingsmiddelen te onderscheiden. Dus vis, vlees en kip worden door de lens van de voedingsdeskundige louter leveringssystemen voor verschillende hoeveelheden verschillende vetten, eiwitten en alle andere voedingsstoffen die binnen hun bereik vallen. Vanuit dit perspectief wordt melk gereduceerd tot een suspensie van eiwitten en vetten in een oplossing van lactose en calcium in

water, terwijl het heel goed mogelijk is dat de voordelen of, in dit geval, de risico's van het drinken van melk te wijten waren aan totaal verschillende factoren (groeihormonen?) of relaties tussen factoren (vetoplosbare vitamines en verzadigd vet?) die buiten beschouwing worden gelaten. Melk is nog steeds een voedsel van vernederende complexiteit, getuige de lange en droevige saga van pogingen om het te imiteren. De hele geschiedenis van zuigelingenvoeding is het verhaal van de ene na de andere genegeerde voedingsstof: Liebig heeft vitamines en aminozuren gemist, en zijn opvolgers hebben geen omega-3 vetzuren gezien, en tot op de dag van vandaag zijn baby's die melkpoeder krijgen "uit voedingsoogpunt completer" niet zo goed ontwikkelen als degenen die moedermelk krijgen.Zelfs meer dan margarine is zuigelingenvoeding het belangrijkste testproduct van voedingspatroon en een goede indicator van zijn arrogantie.
Dit brengt ons bij een van de meest verontrustende aspecten van voedingsleer, hoewel

zeker niet voor iedereen storend zijn. Wanneer de nadruk ligt op het kwantificeren van de voedingsstoffen in voedingsmiddelen (of, om precies te zijn, de voedingsstoffen die in voedingsmiddelen worden herkend), verdwijnt elk kwalitatief onderscheid tussen natuurlijke en bewerkte voedingsmiddelen. "[Als] voedingsmiddelen alleen worden begrepen in termen van de verschillende hoeveelheden voedingsstoffen die ze bevatten," zei Gyorgy Scrinis, "kunnen zelfs bewerkte voedingsmiddelen voor u als 'gezonder' worden beschouwd dan natuurlijke voedingsmiddelen als ze de juiste hoeveelheden van sommige voedingsstoffen bevatten."
Hoe handig!

Hoofdstuk nr. 3

Nutritionisme komt op de markt

Geen idee kan gunstiger zijn voor de fabrikanten van bewerkte voedingsmiddelen, wat zeker verklaart waarom ze zo graag de voedingsdeskundige volgen. In feite vormt voedingsleer de belangrijkste rechtvaardiging voor bewerkte voedingsmiddelen, wat inhoudt dat, met een oordeelkundige toepassing van voedingswetenschap, imitatievoedsel zelfs voedzamer kan zijn dan echt voedsel. Dat is natuurlijk het verhaal van margarine, het eerste grote synthetische voedsel dat in onze voeding insinueert. Margarine ontstond in de 19e eeuw als een goedkope en inferieure vervanger voor boter, maar met de opkomst van de lipidehypothese in de jaren 1950, stelden fabrikanten zich al snel voor dat hun product, met enige improvisatie, als beter - slimmer kon worden geadverteerd! — dan boter: een boter waarvan de slechte voedingsstoffen (cholesterol en verzadigde vetten) zijn verwijderd en vervangen door de goede (meervoudig onverzadigde vetten en dan vitamines). Elke keer dat margarine een voedingsstof miste, werd deze toegevoegd (vitamine D? Heb je die al. Vitamine A? Natuurlijk, het is voor nu.). Maar natuurlijk kan margarine, dat geen product is van de natuur maar van menselijk vernuft, nooit slimmer zijn dan de voedingsdeskundigen die het recept dicteerden, en de voedingsdeskundigen bleken lang niet zo slim als ze dachten dat ze waren. De ingenieuze methode van de voedingswetenschappers om gezonde plantaardige olie vast te maken bij kamertemperatuur - door waterstof op te nemen - leverde gevaarlijke transvetten op, vetten waarvan we nu weten dat ze gevaarlijker zijn dan de verzadigde vetten die ze moesten vervangen. Maar het mooie van bewerkte voedingsmiddelen zoals margarine is dat het eindeloos kan worden aangepast om zelfs de meest

gênante verschuiving in het denken over voeding te overwinnen - inclusief het beangstigende idee dat het hoofdbestanddeel ervan een hartaanval en kanker kan veroorzaken. Dus nu zijn de transvetten verdwenen en gaat de margarine door, onbewogen en schijnbaar niet te doden. Jammer dat hetzelfde niet gezegd kan worden van een onbekend aantal margarineconsumenten. Dus nu zijn de transvetten verdwenen en gaat de margarine door, onbewogen en schijnbaar niet te doden. Hij betreurt dat hetzelfde niet kan worden gezegd van een onbekend aantal margarineconsumenten. Dus nu zijn de transvetten verdwenen en gaat de margarine door, onbewogen en schijnbaar niet te doden. Hij betreurt dat hetzelfde niet kan worden gezegd van een onbekend aantal margarineconsumenten.
Inmiddels zijn we zo gewend om voedsel te imiteren dat
we vergeten de moeilijke weg die margarine moest afleggen voordat het de acceptatie door de overheid en de consument kon winnen met andere

synthetische voedingsproducten. In ieder geval sinds de publicatie van Upton Sinclair's The Jungle in 1906, is "vervalsing" van gewoon voedsel een ernstige zorg geweest voor het etende publiek en is het onderwerp van veel Amerikaanse federale wetten en voorschriften van de Food and Drug Administration (FDA). veel consumenten beschouwden "oleomargarine" als zo'n uitvinding, en aan het einde van de 19e eeuw vaardigden vijf staten wetten uit die vereisten dat alle imitatieboter roze werd geverfd, zodat niemand anders voor de gek kon worden gehouden. Het Hooggerechtshof vernietigde de wetten in 1898. Terugkijkend, als de gewoonte had overleefd, zouden er misschien veel levens zijn gered.

De Food, Drug and Cosmetic Act van 1938 legde strikte regels op die vereisten dat het woord 'imitatie' moest verschijnen op elk product dat, nou ja ... imitatie was. Lees vandaag, de taal die de wetgeving van 1938 vergezelde, lijkt tegelijkertijd vol gezond verstand en vreemd:

[...] er zijn bepaalde traditionele voedingsmiddelen die iedereen kent, zoals brood, melk en kaas, en wanneer ze deze voedingsmiddelen kopen, moeten consumenten het voedsel krijgen dat ze verwachten [...] [en] als een voedsel eruitziet als een gestandaardiseerd voedsel, maar niet voldoet aan de norm, dat voedsel het label "imitatie" moet krijgen.

Er is niet veel om over te twisten... maar de voedingsindustrie deed het tientallen jaren met veel moeite, en in 1973 slaagde het er eindelijk in om de wet van imitatie af te schaffen, een weinig opgemerkte maar uiterst belangrijke stap die hielp om de Verenigde Staten sneller ten val te brengen . de weg naar voeding.

De industrie had een hekel aan de wet van imitatie. Er was al zo'n vervelende geschiedenis van vervalst voedsel en verwante vormen van wondermiddelen in de Amerikaanse handel dat het stempelen van het woord 'imitatie' op een voedingsproduct de doodskus was - een bekentenis van vervalsing en minderwaardigheid. In de jaren zestig en zeventig vormden de eisen dat zo'n pejoratieve term op imitatievoedselverpakkingen stond een

belemmering voor innovatie, ja zelfs voor massale hervormingen, van de Amerikaanse voedselvoorziening - een project dat, in navolging van de zorgen constant met vet en cholesterol in de voeding , was op weg om als positief gezien te worden. Wat in 1906 als kwakzalverij en fraude werd beschouwd, begon in 1973 op een positief volksgezondheidsbeleid te lijken. De American Heart Association,
En zo was het toen, in 1973, de FDA (en niet, let wel, het Congres)
die de wet opstelde) eenvoudigweg de wet van 1938 betreffende namaakvoedsel ingetrokken. Het begroef de verandering in een reeks nieuwe regels over schijnbaar consumentvriendelijke etikettering van voedingsstoffen, dus het nieuws over de intrekking van de imitatiewet verscheen pas in de 27e paragraaf van het verhaal van de New York Times, gepubliceerd onder de kop FDA PROPOSES RADICAL CHANGE IN FOOD LABELING : NIEUWE REGELS ONTWORPEN OM CONSUMENTEN EEN BETER IDEE VAN VOEDINGSWAARDE TE GEVEN.
Als gevolg hiervan is de regelgevende

deur wagenwijd opengezet voor allerlei vetarme imitatieproducten. De vetten in voedingsmiddelen zoals zure room en yoghurt kunnen dan worden vervangen door gehydrogeneerde oliën, guargom of carrageen, spekjes kunnen worden vervangen door soja-eiwit, de room in de "slagroom" en "koffieroom" kunnen worden vervangen. Maïszetmeel en vloeibaar gemaakte eidooiers zouden kunnen worden vervangen, nou ja ... elke voedingswetenschapper die maar kon bedenken, want de lucht was de limiet. Zolang ze werden aangepast om qua voedingswaarde gelijkwaardig te zijn aan het echte werk, konden de nieuwe imitatievoedingsmiddelen niet langer als imitaties worden beschouwd. Voeding was de officiële ideologie van de Food and Drug Administration geworden; voor alle praktische doeleinden had de Amerikaanse regering voedsel geherdefinieerd als niets meer dan de som van de erkende voedingsstoffen. Vervalsing was geherpositioneerd als voedselwetenschap. Nu was slechts één duw van McGovern's Dietary Goals alles wat nodig was om honderden 'traditionele voedingsmiddelen die iedereen kent' te laten beginnen met hun lange terugtrekking uit de supermarktschappen en om ons voedsel 'wetenschappelijker' te laten worden.

Hoofdstuk nr. 4

De gouden eeuw van de voedingswetenschap

In de jaren na de Dietary Goals van 1977 en het Diet and Cancer-rapport van de National Academy of Sciences uit 1982, begon de industrie, gewapend met de vrijspraak van de regelgevende instanties, met het aanpassen van duizenden populaire voedingsproducten om meer van de voedingsstoffen te bevatten die de wetenschap en de overheid als goed beschouwden. minste van het slechte. Een gouden eeuw voor de voedingswetenschap is aangebroken. In de gangpaden van supermarkten ontsproten lokvogels als onkruid: vetarm, cholesterolvrij, vezelrijk. Ingrediëntenlabels op voedingsmiddelen die oorspronkelijk twee of drie ingrediënten bevatten, zoals mayonaise, brood en yoghurt, zwollen op met lange lijsten met nieuwe additieven - die in een meer onwetend tijdperk versnijdingsmiddelen zouden zijn genoemd. Het jaar van de consumptie van haverzemelen - ook bekend als 1988 - was een soort coming-out-feest voor voedingswetenschappers, die erin slaagden de stof in bijna elk verwerkt voedsel dat in de Verenigde Staten werd verkocht, te krijgen. Het moment van haverzemelen in de foodscene duurde niet lang, maar het patroon was bepaald en sindsdien heeft een nieuwe haverzemelen zijn moment van roem onder de marketinglichten. (Hier komt de omega-3!)

Je had nooit gedacht dat gewone vleesdieren dat ook zouden kunnen zijn aangepast aan de rage van voedingsdeskundigen, maar in feite konden en waren sommige van hen in reactie op de richtlijnen van 1977 en 1982 toen wetenschappers erachter kwamen hoe magere varkens te fokken en vee te selecteren voor mager vlees. Met lipofobie die de menselijke bevolking in zijn greep hield, verloren talloze runderen hun gemarmerde vlees en werd mager varkensvlees opnieuw gepositioneerd als het "nieuwe witte vlees" - flauw en taai als een schoenzool, misschien, maar zelfs een karbonade kon concurreren met kip als een optie voor consumenten om "de inname van verzadigde vetten te verminderen". Van daaruit bedachten de eierproducenten een sluwe manier om zelfs het schandelijke ei te verzilveren: door de kippen lijnzaad te voeren, konden ze het gehalte aan omega-3 in de dooiers verhogen.

Maar deze pure voedingsmiddelen zijn de uitzonderingen. Typisch puur eten heeft veel?

moeilijker om te concurreren volgens de regels van het voedingspatroon, al was het maar omdat zoiets als een banaan of een avocado zijn voedingskenmerken niet zo snel kan veranderen. (Maar wees gerust, genetische ingenieurs werken hard aan het probleem.) Tot nu toe zijn ze er in ieder geval niet in geslaagd haverzemelen in bananen of omega-3 vetzuren in perziken te stoppen. Dus, afhankelijk van de heersende voedingsorthodoxie, kunnen avocado's ofwel een vetrijk voedsel zijn dat permanent moet worden vermeden (Old Mindset) of een voedsel dat rijk is aan enkelvoudig onverzadigd vet dat moet worden omarmd (New Mindset). Het lot en de supermarktverkoop van elk natuurlijk voedsel gaan op en neer als het voedingsklimaat verandert, terwijl bewerkte voedingsmiddelen eenvoudig opnieuw worden geformuleerd en verschillende supplementen krijgen. Dat is de reden waarom, toen de Atkins-dieetstorm in 2003 de voedingsindustrie trof, brood en pasta snel opnieuw werden geformuleerd (koolhydraten verlagen, eiwitten verhogen), terwijl arme aardappelen en niet-gereconstitueerde wortelen in de koude koolhydraten bleven. (De koolhydraatarme vernederingen van brood en pasta, twee 'traditionele voedingsmiddelen die iedereen kent', zouden nooit mogelijk zijn geweest als de imitatiewet niet in 1973 was ingetrokken. Wie zou een copycat-spaghetti kopen? natuurlijk, dat is precies waar koolhydraatarme pasta over gaat.) twee "traditionele voedingsmiddelen die iedereen kent" zouden nooit mogelijk zijn geweest als de namaakwet niet in 1973 was ingetrokken. Wie zou een namaakspaghetti kopen? Maar dat is natuurlijk precies waar koolhydraatarme pasta om draait.) twee 'traditionele voedingsmiddelen die iedereen kent' zouden nooit mogelijk zijn geweest als de namaakwet niet in 1973 was ingetrokken. Wie zou een namaakspaghetti kopen? Maar dat is natuurlijk precies waar het bij koolhydraatarme pasta om draait.)

Een paar gelukkige natuurlijke voedingsmiddelen hebben onlangs de Marketing met "goede voedingsstoffen": de antioxidanten in granaatappel (een vrucht die ooit de moeite niet waard was om te eten) lijken nu te beschermen tegen kanker en erectiestoornissen, en de omega-3-vetzuren in walnoten (eenmalig vetmestend) doen dat wel. . tegen hartziekten. Een hele subcategorie van voedingswetenschap - gesubsidieerd door de industrie en, volgens een buitengewoon gerenommeerd in zijn vermogen om een gezondheidsvoordeel te vinden in elk voedsel dat het de opdracht had om te bestuderen - het kwam tot stand om een voedingsdeskundige (en door de FDA goedgekeurde claim voor gezondheidsvoordelen) te geven fineer voor allerlei soorten voedsel, inclusief sommige die dat niet waren. normaal gesproken als gezond beschouwd. De Mars Corporation sponsorde onlangs een leerstoel chocoladewetenschap aan de Universiteit van Californië in Davis, waar onderzoek leidt tot ontdekkingen over de antioxiderende eigenschappen van cacao. Dus over een tijdje zullen we chocoladerepen zien met door de FDA goedgekeurde claims voor gezondheidsvoordelen. (Tegen de tijd dat we het merken, zal het voedingspatroon zeker de barokke fase zijn ingegaan.) Gelukkig voor iedereen die bij dit spel betrokken is,

Maar strikt genomen is het veel gemakkelijker om een claim te maken over uitkeringen

gezondheid in een doos suikerrijke ontbijtgranen dan in een rauwe aardappel of wortel, met als perverse resultaat dat het gezondste voedsel ter wereld is De supermarkt zit stil in de productenafdeling, stil als slachtoffers van een beroerte, terwijl een paar gangpaden verder, in de graanafdeling ,

Cacao Puffs en Lucky Charms brengen hun nieuwe "voedingswaarde" naar de dakspanten.
Pas op voor deze claims voor gezondheidsvoordelen.

Hoofdstuk nr. 5

De desintegratie van de lipidehypothese

Voeding is goed voor de voedingsindustrie. Maar hoe zit het voor ons? Je zou kunnen denken dat een landelijke fixatie op nutriënten kan leiden tot een duidelijke verbetering van de volksgezondheid. Om dat te laten gebeuren, zouden de onderliggende voedingswetenschap en beleidsaanbevelingen (om nog maar te zwijgen van de journalistiek) op basis van die wetenschap consistent moeten zijn. Dit gebeurt zelden.

De belangrijkste van deze voedingscampagnes is de dertig jaar durende inspanning om voedselwinkels en onze eetgewoonten te hervormen in het licht van de lipidehypothese - het idee dat voedingsvet verantwoordelijk is voor chronische ziekten. In opdracht van regeringscommissies, voedingswetenschappers en volksgezondheidsfunctionarissen hebben we ons dieet en de manier waarop we over voedsel denken radicaal veranderd in wat het grootste experiment in toegepaste voedingsleer in de geschiedenis vertegenwoordigt. Dertig jaar later hebben we goede redenen om aan te nemen dat het feit dat voedingsdeskundigen de leiding hebben over het menu en de keuken, niet alleen een onberekenbaar aantal maaltijden heeft verpest, maar dat het ook weinig heeft gedaan voor onze gezondheid, behalve dat het mogelijk verslechtert.

Dat zijn sterke woorden, ik weet het. Hier zijn er nog een paar: de Sovjet-Unie was voor de ideologie van het marxisme wat de Low Fat-campagne is voor de ideologie van voedingsleer - haar ultieme test en, zoals vandaag blijkt, haar meest verwerpelijke mislukking. Je kunt beweren, zoals sommigen zullen doen, dat het probleem was dat het niet werd uitgevoerd, of je kunt accepteren dat de onderliggende principes van de ideologie de kiemen van toekomstige rampen bevatten.

Op dit punt zou je tegen je knoppen moeten zeggen: wacht even. Beweer je echt dat de hele vetarme handel onzin was? Maar mijn supermarkt staat nog steeds vol met vetarme, cholesterolvrije producten! Mijn dokter zit nog steeds op mijn kont over mijn cholesterol en zegt me nu om alleen vetarme producten te eten. Ik was ook verbijsterd door het nieuws, want geen enkele functionaris - regering of volksgezondheid - durfde naar voren te komen en aan te kondigen: Oh, weet je alles wat we je de afgelopen dertig jaar hebben verteld over het verband tussen vet en hartziekten? En vet en kanker? En dik en dik? Nou, kijk hier eens naar: nu lijkt het alsof niets van dat waar was. We betreuren de fout oprecht.

Nee, bekentenissen van fouten zijn gedempt en mea culpa's zijn onmogelijk te vinden. Maar raadpleeg de recente wetenschappelijke literatuur en u zult zien dat een groot aantal wetenschappers stilzwijgend de principes van de lipidehypothese verlaten. Laat me je slechts één voorbeeld geven: een artikel van een groep vooraanstaande wetenschappers van de Harvard School of Public Health. In een recente recensie van het relevante onderzoek getiteld "Typen voedingsvet en risico op coronair hart beginnen Hu en zijn collega's met een beknopte en onbevooroordeelde samenvatting van het lipofobe tijdperk dat vooral de aandacht verdient omdat het de episode in het historische verleden werpt:

In de afgelopen decennia stond het verminderen van de vetconsumptie centraal in de nationale voedingsaanbevelingen. In de publieke opinie zijn de woorden "voedselvet" synoniem geworden met zwaarlijvigheid en hartaandoeningen, terwijl de woorden "vetarm" en "vetvrij" synoniem zijn met hartgezondheid.

We kunnen ons alleen maar afvragen hoe zulke krankzinnige ideeën in 'het hoofd van het publiek' zijn gekomen. Zeker niet iemand die verbonden is aan de Harvard School of Public Health, hoop ik. Welnu, het blijkt dat dezelfde groep, ooit een slaaf van de lipidenhypothese, tot het begin van de jaren negentig, toen het bewijs over de gevaren van transvetten niet langer

genegeerd kon worden, aanraadde dat mensen hun consumptie van verzadigde vetten verminderen door over te schakelen op van boter tot margarine. (Hoewel waarschuwingssignalen over transvetten al in 1956 konden worden gedetecteerd, toen Ancel Keyes, de vader van de lipidehypothese, suggereerde dat de toenemende consumptie van gehydrogeneerde plantaardige oliën verantwoordelijk zou kunnen zijn voor de toename van coronaire hartziekten in de 20e eeuw.)
Maar laten we teruggaan naar de kritische recensie, die in de tweede paragraaf deze bom lanceert:

Tegenwoordig wordt steeds meer erkend dat de vetarme campagne gebaseerd was op weinig wetenschappelijk bewijs en mogelijk onbedoelde gevolgen had.
Wat zeg je?
Het artikel gaat dan verder met het voorzichtig onderzoeken van de verzwakte fundamenten van de lipidehypothese, circa 2001: slechts twee studies vonden "een significant positief verband tussen de consumptie

van verzadigd vet en het risico op coronaire hartziekte (CHD)"; vele anderen vonden geen link. Slechts één studie vond "een significant omgekeerd verband tussen de consumptie van meervoudig onverzadigde vetten en CHD." Laat me vertalen: de hoeveelheid verzadigd vet in het dieet heeft waarschijnlijk weinig of niets te maken met het risico op hartaandoeningen, en er is weinig of geen bewijs dat het verhogen van de hoeveelheid meervoudig onverzadigde vetten in het dieet dat risico vermindert. Wat betreft de risico's van cholesterol in de voeding, vond de review "een zwakke en niet-significante associatie tussen cholesterol in de voeding en CHD-risico." (Iemand zou voedselverwerkers moeten vertellen, die cholesterol in de voeding blijven behandelen als een kwestie van leven en dood.) "Verrassend genoeg", schreven de auteurs, "is er weinig direct bewijs dat een hogere eierconsumptie en een verhoogd risico op CHD in verband brengt." - verrassend, omdat eieren extreem veel cholesterol bevatten.

Aan het einde van de review is er maar

één sterk verband tussen één type voedingsvet en hartaandoeningen, en het toeval wil dat dit precies het type vet is waar vetarme activisten het grootste deel van de afgelopen dertig jaar aan hebben besteed . die je aanmoedigen om meer te consumeren: transvetten. Het blijkt dat "een hogere consumptie van transvetten via verschillende mechanismen kan bijdragen aan een hoger risico op CHD"; namelijk, het verhoogt het slechte cholesterol en verlaagt het goede (iets wat zelfs schadelijke verzadigde vetten niet kunnen doen); verhoogt triglyceriden, een risicofactor voor CHD; bevordert ontsteking en mogelijk trombogenese (stolselvorming) en kan insulineresistentie veroorzaken. Transvet is echt slecht, blijkbaar twee keer zo slecht als verzadigd vet in zijn invloed op het cholesterolgehalte.

Het artikel is niet volledig voorbereid om de hele lipidehypothese te verwerpen,

maar uiteindelijk blijven er maar heel weinig van zijn ideeën overeind. De auteurs concluderen dat hoewel het totale vetgehalte in de voeding weinig verband lijkt te houden met het risico op hart- en vaatziekten (!), de verhouding tussen de soorten vet dat wel doet. Het toevoegen van omega-3-vetzuren aan het dieet (dat wil zeggen meer van een bepaald type vet eten) "vermindert aanzienlijk de coronaire en totale mortaliteit" bij hartpatiënten, en het vervangen van verzadigde vetten door meervoudig onverzadigde vetten verlaagt het cholesterolgehalte in het bloed, dat zij als een belangrijke factor beschouwen. risicofactor voor CHD. (Sommige onderzoekers denken van niet langer, en merken op dat de helft van degenen die aan hartaanvallen lijden geen hoog cholesterolgehalte hebben, en ongeveer de helft van degenen met een hoog cholesterolgehalte geen CHD.) Aan het einde van het artikel wordt nog een kleine granaat toegeworpen. : hoewel "een belangrijk beweerd voordeel van een vetarm dieet gewichtsverlies is", vond een literatuuroverzicht geen overtuigend bewijs voor dit voorstel. In plaats daarvan vond hij "enig bewijs" dat het vervangen van voedingsvetten door koolhydraten (zoals de autoriteiten ons sinds de jaren zeventig met klem adviseren) je dik maakt.

Ik stopte bij dit artikel omdat het goed aansluit bij het huidige denken over de steeds zwakker verband tussen voedingsvet en gezondheid. De lipidenhypothese valt langzaam uiteen, maar geen enkel lid van de openbare gezondheidsdienst of regering lijkt klaar om dit publiekelijk te erkennen. Bang voor wat precies? Laten we hals over kop gaan voor cheeseburgers met dubbele bacon? We zullen eerder tot de onvermijdelijke conclusie komen dat de voedingskeizers naakt zijn en dat we nooit meer naar hen luisteren.

In feite zijn er altijd tegenstanders geweest van de lipidenhypothese, biochemici zoals Mary Enig (die al sinds de jaren 70 waarschuwt voor transvetten) en voedingsdeskundigen zoals Fred Kummerow en John Yudkin (die waarschuwen voor geraffineerde koolhydraten, ook sinds de jaren 70).).), maar deze critici hadden altijd moeite om gehoord te worden, vooral na 1977, toen de McGovern-richtlijnen het debat over de lipidehypothese in de Verenigde Staten effectief afsloten.

Wetenschappelijke paradigma's zijn nooit gemakkelijk te betwisten, zelfs niet als ze beginnen te barsten onder het gewicht van tegenstrijdig bewijs. Weinig wetenschappers kijken terug om te zien waar zij en hun paradigma's misschien zijn afgedwaald; in plaats daarvan zijn ze getraind om vooruit te blijven gaan, meer wetenschap te produceren om onze kennis te vergroten, en alle huidige consensusideeën die kunnen worden volgehouden, op te lappen en te behouden totdat het volgende grote idee naar voren komt. Reken er dus niet op dat een wetenschappelijke Aleksandr Solzjenitsyn langskomt en zegt dat het hele vette paradigma een historische ramp is.

Het dichtst bij deze foto die we hadden, was geen wetenschapper, maar een wetenschapsjournalist genaamd Gary Taubes, die de afgelopen tien jaar de aandacht heeft gevestigd op de wetenschap achter de vetarme campagne. In een baanbrekende reeks artikelen en een belangrijk nieuw boek genaamd Good Calories, Bad Calories, vernietigde Taubes bijna de hele lipidehypothese, wat aantoont hoe weinig wetenschappelijk bewijs er vanaf het begin was.

Wat betreft de scherpe daling van hartziekten tijdens de Tweede Wereldoorlog, deze kan gemakkelijk worden toegeschreven aan andere factoren dan de schaarste aan vlees, boter en eieren. Niet alleen dierlijke eiwitten, maar ook suiker en benzine werden tijdens de oorlog streng gerantsoeneerd. Amerikanen aten over het algemeen minder van alles, inclusief met name geraffineerde koolhydraten; maar ze aten meer vis. En ze gingen meer sporten omdat ze niet zoveel konden rijden als gevolg van de benzinerantsoenering.

Maar de lipidehypothese zou niet worden ontmoedigd. In de jaren vijftig en zestig bestudeerden onderzoekers populaties in andere landen met aanzienlijk lagere hartziekten, wat zou kunnen worden verklaard door een lagere consumptie van verzadigd vet. Het feit dat deze realiteit gemakkelijk kan worden verklaard door andere factoren - minder totale calorieën? minder geraffineerde koolhydraten?

meer beweging? meer groenten en fruit? — verstoorde de consensus dat vet de sleutel zou moeten zijn niet.

De consensus was gebaseerd op twee suggestieve verbanden die in het begin van de jaren zestig goed waren vastgesteld: het verband tussen een hoog cholesterolgehalte in het bloed en de kans op hartaandoeningen, en het verband tussen verzadigd vet in de voeding en het cholesterolgehalte in het bloed. Deze twee verbanden zijn geldig, maar daaruit volgt niet noodzakelijkerwijs dat consumptie van verzadigde vetten hartaandoeningen veroorzaakt, tenzij u ook kunt aantonen dat het cholesterolgehalte in het bloed een oorzaak is van hartaandoeningen en bijvoorbeeld niet alleen een oorzaak van hartaandoeningen. symptoom van dit type ziekte. En hoewel het bewijs voor een verband tussen voedingscholesterol en bloedcholesterol altijd zwak is geweest, blijft de zekerheid dat het eerste bijdraagt aan het laatste bestaan, misschien omdat het logisch genoeg is - en misschien omdat het zo is gepromoot door margarinefabrikanten.

Ondanks deze tekortkomingen leek het

een korte en gemakkelijke stap voor de McGovern-commissie om de feiten als het ware met elkaar te verbinden en te concluderen dat het eten van vlees en zuivel (als belangrijke bronnen van verzadigd vet en cholesterol) leidde tot hartaandoeningen. De American Heart Association had immers al dezelfde verbanden gelegd en pleitte al sinds 1961 voor een verstandig vetarm en cholesterolarm dieet. Toch was de commissie niet onwetend over de controverse rond het onderzoek waarop zij haar onderzoek baseerde. aanbevelingen. Hij had een krachtig geformuleerde brief ontvangen van een dissident van de American Medical Association met het argument dat "een radicale verandering van het voedingspatroon schadelijke langetermijneffecten kan hebben, evenals de goedkeuring van het voorgestelde nationale doel."
Toch werd de landelijke doelstelling aangenomen. Nooit eerder had de regering gewerkt om het dieet van een hele bevolking te veranderen. In het verleden was het voedselbeleid gericht op specifieke bevolkingsgroepen die

risico liepen op specifieke handicaps. Maar, zoals Taubes documenteerde, oordeelde de commissie dat het geen kwaad kon om Amerikanen ertoe te brengen te bezuinigen op voedingsvet, zelfs als de gegevens nog niet 100% solide waren. Tijdens de inleidende persconferentie over Dietary Goals zei Mark Hegsted, een voedingsdeskundige aan de School of Health Public in Harvard, die hielp bij het formuleren van de doelen: "De vraag die we moeten stellen is niet waarom we ons dieet zouden moeten veranderen, maar waarom niet?"

Ten minste één goed antwoord op deze vraag is onopgemerkt gebleven. Misschien omdat vet sinds 1977 zo'n slechte reputatie heeft, moeten Dr. Hegsted en zijn collega's niet hebben stilgestaan bij de mate waarin een verandering in de niveaus of snelheden van verschillende lipiden en de bevordering van een biologisch nieuw vet zoals trans zou kunnen menselijke fysiologie beïnvloeden. Het is de moeite waard eraan te denken dat het menselijk brein voor ongeveer 60% uit vet bestaat; elk neuron is omgeven door een beschermende laag van deze stof. Vetten vormen de structuur van onze celwanden en de verhoudingen van hun verschillende typen beïnvloeden de doorlaatbaarheid van cellen voor alles, van glucose en hormonen tot microben en toxines. Zonder voldoende vet in de voeding kunnen vetoplosbare vitamines zoals A en E niet door de darmwanden.

Er stond dus potentieel veel op het spel voor onze gezondheid en onze

welzijn toen de regering al haar gewicht in een enorme verschuiving in het Amerikaanse dieet gooide. Toegegeven, het was heel goed mogelijk dat de natie ervoor had gekozen om de dieetdoelen gewoon te negeren en door te gaan met eten zoals voorheen. Maar dat is niet wat er is gebeurd. In plaats daarvan werden de doelen serieus genomen en begon een van de meest ambitieuze voedingsexperimenten in onze geschiedenis. De autoriteit over het nationale menu, dat in het verleden grotendeels afhing van traditie en gewoonte (en moeder), verschoof merkbaar in januari 1977: de cultuur droeg een groot deel van zijn invloed op hoe we aten en dachten over voedsel naar de wetenschap. Of wat doorgaat voor wetenschap in voedingszaken; nutritionisme zou een meer accurate term zijn. "Prematuur of niet", zei Jane Brody van de New York Times in 1981,

Hoofdstuk nr. 6

Eet goed en word dik

In feite hebben we zelfs onze eetgewoonten veranderd in de wateren van de nieuwe richtlijnen, door te werken aan het vervangen van de schadelijke vetten bovenaan de voedselpiramide door goede koolhydraten onderaan. De hele industriële voedselvoorziening is vernieuwd om de nieuwe voedingswijsheid weer te geven, waardoor we vetarm varkensvlees, magere crackers en allerlei soorten magere pasta en fructose-glucosestroop (maar weinig vet!) consumeren. Wat veel bleek te zijn. Vreemd genoeg zijn Amerikanen echt aangekomen op het nieuwe vetarme dieet - in feite plaatsen velen het begin van de huidige obesitas- en diabetes-epidemie aan het einde van de jaren zeventig, toen Amerikanen begonnen te vallen voor koolhydraten. , Maar het verhaal is iets ingewikkelder dan dat. Want hoewel het waar is dat

Amerikanen na 1977 meer koolhydraten dan vet begonnen te eten, zodat het percentage vet in de totale calorieën in de voeding daalde (van 42% in 1977 tot 34% in 1995), hebben we onze consumptie nooit echt verminderd. totaal vet; we eten gewoon meer van andere dingen. We hebben inderdaad onze consumptie van verzadigde vetten verminderd en vervangen, zoals ons is opgedragen, door meervoudig onverzadigde en transvetten. De vleesconsumptie is constant gebleven, al zijn we, mede volgens de instructies, overgestapt van rood naar wit vlees om de consumptie van verzadigd vet te verminderen. Kortom, wat we hebben gedaan, is dat we een hoop meer koolhydraten op het bord hebben gedaan, verstopt, maar op geen enkele manier vervangen,

Hoe is dit gebeurd? Ik suggereer dat de ideologie van voedingsleer net zoveel afkeuring verdient als koolhydraten zelf - evenals de menselijke natuur. Door voedingsadviezen te formuleren in termen van goede en slechte voedingsstoffen en de aanbeveling dat we minder van elke vorm van echt voedsel zouden moeten eten te begraven, was het gemakkelijk om de inhoud van de boodschap van de voedingsrichtlijnen van 1977 en 1982 als volgt te vereenvoudigen: Eet meer voedsel met weinig vet. En dat is precies wat we deden. We zijn altijd blij als we toestemming krijgen om meer dan één voedsel te eten (behalve misschien haverzemelen), en iets dat voedingswetenschap ons serieus geeft, is zo'n vergunning: eerst vetarme koekjes, daarna koolhydraatarm bier. McGovern's originele op voedsel gebaseerde benadering was blijven hangen: Eet minder vlees en minder zuivel. Maar hoe ga je van dat trieste advies naar het idee dat nog een doos crackers precies is wat de dokter heeft besteld?

Je begint te zien hoe aantrekkelijk voedingspatroon is voor alle betrokken partijen, consumenten en producenten, om nog maar te zwijgen van de wetenschappers en voedingsjournalisten die het onmisbaar maakt. De ideologie biedt een respectabele reden om allerlei nieuwe bewerkte voedingsmiddelen te creëren en te verkopen en mensen toe te staan ze te eten. En elke koerscorrectie in het advies van de voedingsdeskundige rechtvaardigt het schrijven van nieuwe boeken en artikelen over voeding, het vervaardigen van een nieuwe productlijn en het consumeren van een hele reeks nieuwe, zelfs gezondere voedingsmiddelen. En als een product door ontwerp en officiële sanctie gezond is, moet het massaal eten ook gezond zijn.

misschien nog wel meer.

Voeding is misschien wel het beste wat de voedingsindustrie ooit is overkomen, die in het verleden heeft gewerkt onder de grenzen van de groei die werd opgelegd door een bevolking die lang niet zo snel groeit als voedselproducenten nodig hebben om aan de verwachtingen te voldoen. van Wallstreet. Nutritionisme lost het probleem van de vaste maag op, zoals dat in de handel werd genoemd: het feit dat, vergeleken met de vraag naar andere consumptiegoederen, de vraag naar voedsel in het verleden niet veel varieerde. Mensen konden maar zoveel eten, en omdat traditie en gewoonte hun keuzes bepaalden, probeerden ze dezelfde oude dingen te eten. Niet nu! Naast de voorkeur voor meer nieuwe soorten sterk bewerkte voedingsmiddelen (die verreweg de meest winstgevende soort zijn om te maken), roept de voedingsleer het medische systeem en de overheid op om deze producten te promoten. Speel je kaarten goed en misschien krijg je zelfs de American Heart Association zover om je nieuwe ontbijtgranen als 'gezond voor het hart' goed te keuren. Terwijl ik dit schrijf, heeft de FDA zojuist een nieuwe voedingsclaim voor Frito-Lay-chips voltooid, omdat het eten van chips in meervoudig onverzadigde vetten je kan helpen om je consumptie van verzadigde vetten te verminderen, waardoor je systeem wordt beschermd. cardiovasculair. Zo kan een berucht stuk stront door de zeef van de voedingslogica gaan en er aan de andere kant uitkomen als gezond voedsel. Speel je kaarten goed en misschien krijg je zelfs de American Heart Association zover om je nieuwe ontbijtgranen als 'gezond voor het hart' goed te keuren. Terwijl ik dit schrijf, heeft de FDA zojuist een nieuwe voedingsclaim voor Frito-Lay-chips voltooid, omdat het eten van chips in meervoudig onverzadigde vetten je kan helpen om je consumptie van verzadigde vetten te verminderen, waardoor je systeem wordt beschermd. cardiovasculair. Zo kan een berucht stuk stront door de zeef van de voedingslogica gaan en er aan de andere kant uitkomen als gezond voedsel. Speel je kaarten goed en misschien krijg je zelfs de American Heart Association zover om je nieuwe ontbijtgranen als 'gezond voor het hart' goed te keuren. Terwijl ik dit schrijf, heeft de FDA zojuist een nieuwe voedingsclaim voor Frito-Lay-chips voltooid, omdat het eten van chips in meervoudig onverzadigde vetten je kan helpen om je consumptie van verzadigde vetten te verminderen, waardoor je systeem wordt beschermd. cardiovasculair. Zo kan een berucht stuk stront door de zeef van de voedingslogica gaan en er aan de andere kant uitkomen als gezond voedsel. uw cardiovasculaire systeem. Zo kan een berucht stuk stront door de zeef van de voedingslogica gaan en er aan de andere kant uitkomen als gezond voedsel. uw cardiovasculaire systeem. Zo kan een berucht stuk stront door de zeef van de voedingslogica gaan en er aan de andere kant uitkomen als gezond voedsel.

Hoofdstuk nr. 7

Voorbij de plezierbasissen

Maar waarom hebben we om te beginnen een voedingsfilosofie nodig? Misschien omdat wij Amerikanen het altijd moeilijk hebben gevonden om van eten te genieten. Natuurlijk hebben we ongebruikelijke inspanningen geleverd om dit te voorkomen. Harvey Levenstein, auteur van twee verhelderende geschiedenissen van de Amerikaanse eetcultuur, suggereert dat de enorme overvloed aan voedsel in de Verenigde Staten "een vage onverschilligheid ten opzichte van voedsel creëerde, die zich manifesteerde in de neiging om te eten en te gaan in plaats van te genieten van een maaltijd." Genieten van eten, een maaltijd opvatten als een esthetische ervaring, wordt beschouwd als een bewijs van decadentie, een soort buitenlandse pedanterie. (Er zijn maar weinig dingen die een Amerikaanse politicus slechter af maken dan genieten van lekker eten, zoals Martin Van Buren ontdekte tijdens zijn mislukte herverkiezingscampagne in 1840. Van Buren had een Franse chef-kok naar het Witte Huis gehaald, een blunder die door zijn tegenstander werd uitgebuit, William Henry Harrison, die profiteerde van het feit dat hij leefde van 'rauw vlees en zout'.

Het is heel goed mogelijk dat, zoals Levenstein beweert, alleen al de overvloed aan voedsel

De Verenigde Staten hebben een cultuur gecreëerd waarin eten mechanisch en onzorgvuldig is. Maar ook onze puriteinse wortels stonden een sensuele en esthetische waardering voor eten in de weg. Net als seks verbindt de behoefte om te eten ons met dieren, en historisch gezien heeft het protestantisme veel energie gestoken in het helpen om deze dierlijke eetlust onder strikte controle te houden. Voor de christelijke sociale hervormers van de 19e eeuw, "was de pure en eenvoudige handeling van eten niet meer dan onvermijdelijk... Ik citeer uit Laura Shapiro's Perfection Salad, waarin de campagne van deze binnenlandse hervormers wordt verteld om Amerikanen te overtuigen, in de woorden van een van hen, "dat eten meer is dan een dierlijke ondeugd, en dat koken een groter doel heeft. edeler dan de bevrediging van eetlust en smaak." En wat zou dat nobelere doel kunnen zijn? Gezonde voeding en goede hygiëne. Door die wetenschappelijke principes te verheffen en "de smaak van het gehemelte te minachten", zegt Shapiro, "hebben ze de Amerikaanse keuken een spervuur van verderfelijke innovaties toegestaan voor de komende jaren."

met onder meer de nadruk op vetarme bewerkte voedingsmiddelen. Wetenschappelijk eten is dus een oude en eerbiedwaardige traditie in de Verenigde Staten. Hier is hoe Harvey Levenstein de pseudowetenschappelijke zekerheden samenvat die de Amerikaanse houding ten opzichte van voedsel meer dan een eeuw hebben gevormd: "die smaak is geen authentieke gids voor wat te eten; dat je niet alleen moet eten wat je lekker vindt; dat de belangrijke componenten van voedsel niet kunnen worden gezien of geproefd, maar alleen waarneembaar zijn in wetenschappelijke laboratoria; en dat experimentele wetenschap voedingsregels heeft ontwikkeld die ziekten voorkomen en een lang leven bevorderen." Levenstein zou kunnen zijn

het beschrijven van de belangrijkste principes van voedingsleer.

Misschien wel de meest opmerkelijke bloei van pseudowetenschappelijk eten (en proto-voeding) vond plaats in de vroege jaren van de 20e eeuw, toen John Harvey Kellog en Horace Fletcher duizenden Amerikanen overtuigden om het plezier van eten in te ruilen voor gezonde, strenge diëten. van verschrikkelijke perversiteit. De twee dieetgoeroes waren verenigd in hun minachting voor dierlijke eiwitten, waarvan de consumptie, Dr. Kellogg, een Zevende-dags Adventist die veel lijkt op kolonel Sanders van Kentucky Fried Chicken, masturbatie en de verspreiding van giftige bacteriën in de dikke darm bevorderde. Dus in de eerste gouden eeuw van de Amerikaanse kinkhoest, speelde eiwit dezelfde rol als vet in de tweede. In het

Kellogg Sanitarium in Battle Creek betaalden patiënten (waaronder John D. Rockefeller en Theodore Roosevelt) een klein fortuin om te worden onderworpen aan dergelijke "wetenschappelijke" praktijken als yoghurtklysma's per uur (om de schade die het eiwit aan de dikke darm zou hebben toegebracht ongedaan te maken) ; elektrische stimulatie en "enorme trillingen" van de buik; diëten die uitsluitend uit druiven bestonden (van 4,5 tot 6,3 kilo per dag); en bij elke maaltijd, "de versoepeling" - de gewoonte om elke hap voedsel ongeveer honderd keer te kauwen. (Vaak met de gepassioneerde begeleiding van speciale kauwliedjes.) De theorie was dat volledig kauwen de eiwitconsumptie zou verminderen (dit lijkt juist) en zo het 'subjectieve en objectieve welzijn' zou verbeteren. Horace Fletcher (ook bekend als diëten die uitsluitend uit druiven bestonden (van 4,5 tot 6,3 kilo per dag); en bij elke maaltijd, "de fletcherization" - de gewoonte om elke hap voedsel ongeveer honderd keer te kauwen (vaak met de gepassioneerde begeleiding) van speciale kauwliedjes.) De theorie was dat volledig kauwen de eiwitconsumptie zou verminderen (dit lijkt juist) en zo het "subjectieve en objectieve welzijn" zou verbeteren. dag); en, bij elke maaltijd, "de fletcherization" - de praktijk om elke hap voedsel ongeveer honderd keer te kauwen (vaak met de gepassioneerde begeleiding van speciale kauwliedjes). De theorie was dat volledig kauwen de eiwitconsumptie zou verminderen (Horace Fletcher (ook bekend als) De theorie was dat volledig kauwen de eiwitconsumptie zou verminderen (dit lijkt juist) en zo "subjectief en objectief" zou verbeteren. welzijn". Horace Fletcher (ook bekend als) De theorie was dat volledig kauwen de eiwitconsumptie zou verminderen (dit lijkt juist) en zo het "subjectieve en objectieve welzijn" zou verbeteren. Horace Fletcher (ook bekend als wat hun biologische effectiviteit ook is, al deze eetoefeningen sloten uiteindelijk voedsel uit van het sociale leven en het plezier van eten; dwangmatig kauwen (laat staan klysmapauzes per uur) is niet bepaald gunstig voor de geneugten van de tafel. En de versoepeling,

noodzakelijkerwijs zou het laatste spoor van smaak uit het voedsel zijn verwijderd lang voordat de honderdste samentrekking van de kaak werd geteld. En Kellogg zelf was direct in zijn vijandigheid tegen de geneugten van voedsel: "Het verval van een natie begint wanneer gulzigheid begint."
Op die manier hoefden de Verenigde Staten zich niet veel zorgen te maken. Bevestigd op beperkte schaal, als ze op universele schaal zouden worden bewezen, zou het onmogelijk zijn om hun revolutionaire belang te overschatten. Fletcher beantwoordde dit door de filosoof te verzekeren dat het Fletcherisme "dezelfde zaak pragmatisme promootte" (Levenstein, Revolution of the Table, p. 92).

Hoofdstuk nr. 8

De vetarme dessertsmaak

Wat het offer van plezier ook moge zijn, het zou worden gecompenseerd door een betere gezondheid.
onbedoelde oorlog tegen voedingsvet - nevenschade, zou je kunnen zeggen - hoe zit het met de beoogde consequentie van die campagne, namelijk de vermindering van hartziekten? Dit is waar de vetarme campagnevoerders ervoor kozen om hun laatste standpunt in te nemen, trots wijzend op het feit dat, na een piek in de late jaren zestig, het aantal sterfgevallen als gevolg van hartaandoeningen in de Verenigde Staten dramatisch daalde, een daling met 50% sinds 1969. Cholesterolniveaus zijn ook gedaald. Epidemioloog Walter C. Willett van de Harvard School of Public Health (een co-auteur van het Hu-artikel), citeert de verhoogde consumptie van meervoudig onverzadigde vetten "als een

belangrijke, zo niet de belangrijkste factor in de vermindering van hartziekten". in de jaren zeventig en tachtig, en noemt de vervangingscampagne van verzadigde vetten in de voeding een van de grote successen in de geschiedenis van de volksgezondheid van onze tijd. Alles deed ons dat geloven: we verminderden onze vetconsumptie, ons cholesterolgehalte daalde en er waren veel minder sterfgevallen door hartaanvallen.

Maar het is twijfelachtig om deze prestatie toe te schrijven aan vetarme activisten. Het verminderen van de sterfte aan hartziekten is niet hetzelfde als het verminderen van de incidentie van hartziekten, en er is reden om ons af te vragen of de percentages die aan hartziekten ten grondslag liggen in de afgelopen dertig jaar veel zijn veranderd, zoals ze zouden moeten zijn als de veranderingen in voedsel zo waren. belangrijk. Een tien jaar durend onderzoek naar sterfte door hartziekten, gepubliceerd in de New England Journal of Medicine in 1998, suggereert categorisch dat de daling van het aantal sterfgevallen door hartziekten grotendeels niet te wijten is aan veranderingen in levensstijl, zoals een dieet, maar aan vooruitgang in het medische systeem. (Hoewel stoppen met roken belangrijk was.) Wel, hoewel in de betreffende periode het aantal sterfgevallen door hartaanvallen aanzienlijk is gedaald, zijn ziekenhuisopnames voor hartaanvallen niet gedaald. De moderne geneeskunde redt natuurlijk meer mensen die aan hartaandoeningen lijden, maar het lijkt erop dat we bij het elimineren van de ziekte zelf nog lang niet hetzelfde succes hebben gehad.

Hoofdstuk nr. 9

Wetenschapsbad

Om te begrijpen hoe voedingswetenschap zo spectaculair ongelijk kan hebben over het probleem van voedingsvet en gezondheid, is het belangrijk om te begrijpen dat het doen van voedingswetenschap niet eenvoudig is. In feite is het een stuk moeilijker dan de meeste levende wetenschappers willen toegeven. Ten eerste omdat de beschikbare wetenschappelijke instrumenten niet volledig geschikt zijn voor het begrijpen van systemen die zo complex zijn als voedsel en dieet. De aannames van voedingsleer - zoals het idee dat voedsel geen systeem is, maar eerder de som van de voedingsstoffen - vormen een andere reeks problemen. We beschouwen wetenschappers als vrij van ideologische vooroordelen, maar ze zijn natuurlijk een product van hun ideologische omgeving, net als de rest van ons. Net zoals het ons kan

onderwerpen aan vals bewustzijn,
Het probleem begint bij de voedingsstof. Voedingswetenschap omvat in feite het bestuderen van één voedingsstof per keer, een schijnbaar onvermijdelijke benadering waarvan zelfs voedingsdeskundigen die het gebruiken zullen zeggen dat er veel tekortkomingen zijn. "Het probleem is dat voedingswetenschap die voedingsstof voor voedingsstof bekijkt", zegt Marion Nestle, voedingsdeskundige aan de New York University, "de voedingsstof uit de voedingscontext, het voedsel uit de voedingscontext en het dieet uit de voedingscontext haalt. levensstijl context. ."
Als voedingswetenschappers dit weten, waarom doen ze het dan eigenlijk? Omdat er een vooroordeel over voedingsstoffen is ingebouwd in de manier waarop wetenschap wordt gedaan. Wetenschappers bestuderen variabelen die ze kunnen isoleren; als ze een variabele niet kunnen isoleren, kunnen ze niet zeggen of de aanwezigheid of afwezigheid ervan enige betekenis heeft. Maar zelfs het eenvoudigste voedsel is heel

ingewikkeld om te analyseren, praktisch een oerwoud van chemische verbindingen, waarvan er vele in dynamische en ingewikkelde relaties met elkaar bestaan, en die allemaal samen van de ene toestand naar de andere veranderen. Dus als je een voedingswetenschapper bent, doe je het enige wat je kunt doen, gezien de tools die je tot je beschikking hebt: voedsel opsplitsen in zijn samenstellende delen en ze één voor één bestuderen, zelfs als dat betekent dat je subtiele interacties en contexten en de feit dat het geheel meer kan zijn dan de som der delen, of misschien gewoon anders. Dat is wat we bedoelen met reductionistische wetenschap.

Wetenschappelijk reductionisme is een onmiskenbaar krachtig instrument, maar het kan ons ook misleiden, vooral wanneer het wordt toegepast op iets zo complex als voedsel enerzijds en wie het gaat eten anderzijds. Hij moedigt ons aan om een eenvoudig mechanisch perspectief op deze transactie te gebruiken: voer deze voedingsstof in, dat fysiologische resultaat komt eruit. Mensen zijn echter heel verschillend.

We kennen allemaal die geluksvogel die enorme hoeveelheden dikmakend voedsel kan eten en niet dik wordt. Sommige populaties kunnen suiker beter metaboliseren dan andere. Afhankelijk van je evolutionaire erfgoed, kun je de lactose in melk al dan niet verteren. Afhankelijk van uw genetische samenstelling, kan het verlagen van de hoeveelheid verzadigd vet in uw dieet uw cholesterolgehalte al dan niet veranderen. De specifieke ecologie van je darmen helpt bepalen hoe efficiënt je verteert wat je eet, zodat dezelfde 100 calorieën voedsel meer of minder voedselenergie kunnen produceren, afhankelijk van het aandeel firmicutes en bacteroïden dat zich in je darmen bevindt. Deze balans van bacteriesoorten kan op zijn beurt het resultaat zijn van genetische of omgevingsfactoren. Daarom is er niets heel mechanisch aan het wezen dat eet, en om voedsel te zien als pure en eenvoudige brandstof, is een verkeerde interpretatie ervan. Het is interessant om in gedachten te houden dat het menselijke spijsverteringskanaal ongeveer hetzelfde aantal neuronen heeft als de wervelkolom. We weten nog steeds niet precies wat ze doen, maar hun bestaan suggereert dat de spijsvertering veel meer is dan alleen voedsel afbreken tot eenvoudigere chemicaliën. het menselijke spijsverteringskanaal heeft ongeveer hetzelfde aantal neuronen als de wervelkolom. We weten nog steeds niet precies wat ze doen, maar hun bestaan suggereert dat de spijsvertering veel meer is dan alleen voedsel afbreken tot eenvoudigere chemicaliën. het menselijke spijsverteringskanaal heeft ongeveer hetzelfde aantal neuronen als de wervelkolom. We weten nog steeds niet precies wat ze doen, maar hun bestaan suggereert dat de spijsvertering veel meer is dan alleen voedsel afbreken tot eenvoudigere chemicaliën.

En mensen eten geen voedingsstoffen; ze eten eten, en eten

kunnen zich heel anders gedragen dan de voedingsstoffen die ze bevatten. Op basis van epidemiologische vergelijkingen van verschillende populaties, hebben onderzoekers lang geloofd dat een dieet dat rijk is aan fruit en groenten op de een of andere

manier beschermt tegen kanker. Dus natuurlijk vragen ze, welke voedingsstof in deze plantaardige voedingsmiddelen is verantwoordelijk voor dit effect? Een hypothese is dat de antioxidanten in verse producten - verbindingen zoals bètacaroteen, lycopeen, vitamine E, enzovoort - de xi-factor zijn. In theorie is het logisch: deze moleculen (die planten produceren om zichzelf te beschermen tegen de zeer reactieve vormen van zuurstof die ze produceren tijdens fotosynthese) absorberen vrije radicalen in ons lichaam, die DNA kunnen beschadigen en kanker kunnen veroorzaken. Zo lijkt het tenminste te werken in een reageerbuis. Maar zodra we deze cruciale moleculen verwijderen uit de context van het voedsel waarin ze voorkomen, zoals we deden bij het maken van antioxidantsupplementen, lijken ze helemaal niet te werken. In het geval van bètacaroteen als supplement, heeft een onderzoek zelfs al gesuggereerd dat het bij sommige mensen zelfs het risico op sommige soorten kanker kan verhogen. Xi!
Wat is hier aan de hand? We weten het niet. Het kunnen de grillen zijn van

menselijke spijsvertering. Misschien beschermt de vezel (of een ander bestanddeel) in een wortel het antioxidantmolecuul vroeg in het spijsverteringsproces tegen vernietiging door maagzuren. Of het kan zijn dat we de verkeerde antioxidant hebben geïsoleerd. Beta is slechts een van de vele carotenen die in gewone groenten worden aangetroffen; misschien hebben we ons op de verkeerde caroteen gericht. Of misschien werkt bètacaroteen alleen als antioxidant in combinatie met een ander chemisch of ander plantaardig chemisch proces; onder verschillende omstandigheden kan het zich gedragen als een pro-oxidant.

Als je naar de chemische samenstelling van plantaardig voedsel kijkt, realiseer je je hoeveel complexiteit erin verborgen zit. Hier is een lijst van alleen de antioxidanten die zijn geïdentificeerd in een blad van een groentevariëteit van tijm:

alanine, essentiële olie van anethol, apigenine, ascorbinezuur, bètacaroteen, cafeïnezuur, kamfeen, carvacrol, chlorogeenzuur, chrysoeriol, derulinezuur, eriodictyol, eugenol, 4-terpinol, galluszuur, gamma-terpineen, isochlorogeenzuur, isoeugenol, isotimonine, kaempferol, labiatinezuur, laurinezuur, linalylacetaat, luteoline, methionine, myrceen, myristinezuur, naringenine, rozemarijnzuur, selenium, tannine, thymol, tryptofaan, ursolinezuur, vanillinezuur.

Het is ook belangrijk om te onthouden dat wat de reductiewetenschap goed genoeg kan onderscheiden om te isoleren en te bestuderen, onderhevig is aan bijna permanente verandering, en dat we geneigd zijn aan te nemen dat wat we kunnen zien, is wat belangrijk is om naar te kijken. De enorme aandacht die sinds de jaren vijftig aan cholesterol wordt besteed, komt voort uit het feit dat cholesterol lange tijd de enige factor was die verband hield met hartaandoeningen en waarvoor we instrumenten hadden om te meten. (Dit wordt soms parkeerwetenschap genoemd, naar de man die zijn sleutels verliest op een parkeerplaats en onder de paal gaat graven - niet omdat hij ze daar kwijt is, maar omdat je daar het beste kunt zien.) Toen we leerden om verschillende soorten cholesterol te meten, en vervolgens triglyceriden en C-reactief proteïne, dit werden de belangrijke stoffen om te bestuderen. Er zullen ongetwijfeld nog andere factoren zijn die nog niet zijn geïdentificeerd. Het is een oud verhaal: toen Prout en Liebig macronutriënten identificeerden, dachten wetenschappers dat ze de aard van voedsel begrepen en wat het lichaam nodig had om eruit te halen. Dus toen vitamines een paar decennia later werden geïsoleerd, dachten wetenschappers: OK, nu begrijpen we echt voedsel en wat het lichaam nodig heeft voor zijn gezondheid; en vandaag zijn het polyfenolen en carotenoïden die het plaatje compleet lijken te hebben. Maar wie begrijpen we nu echt wat voeding nodig heeft en wat het lichaam nodig heeft voor zijn gezondheid; en vandaag zijn het polyfenolen en carotenoïden die het plaatje compleet lijken te hebben. Maar wie begrijpen we nu echt wat voeding nodig heeft en wat het lichaam nodig heeft voor zijn gezondheid; en vandaag zijn het polyfenolen en carotenoïden die het plaatje compleet lijken te hebben. Maar wie weet wat er nog meer in het hart van een wortel gebeurt?

Het goede nieuws is dat voor degenen die wortelen eten, het er niet toe doet. Dat is waar voedingsmiddelen goed voor zijn in vergelijking met voedingsstoffen: je hoeft de complexiteit van een wortel niet te onderzoeken om de voordelen ervan te plukken.

Het mysterie van antioxidanten toont het gevaar aan om een voedingsstof uit de context van voedsel te halen; Wetenschappers maken een tweede, soortgelijke fout wanneer ze voedsel proberen te bestuderen buiten de voedingscontext. We eten voedingsmiddelen in combinaties en in volgordes die van invloed kunnen zijn op hoe ze worden gemetaboliseerd. De koolhydraten in een bagel worden langzamer opgenomen als de bagel wordt ingesmeerd met pindakaas; de vezels, vetten en eiwitten in pindakaas dempen de insulinerespons, waardoor de impact van koolhydraten wordt verzacht. (Daarom is het een goed idee om aan het eind van een maaltijd snoep te eten in plaats van aan het begin.) Drink koffie bij je biefstuk, en je lichaam zal het ijzer in het vlees niet volledig kunnen opnemen. De olijfolie waarmee ik tomaten eet, maakt het lycopeen dat ze bevatten meer beschikbaar voor mijn lichaam. Sommige stoffen in een takje tijm kunnen de vertering beïnvloeden van het gerecht waaraan ik het toevoeg, waardoor een verbinding wordt afgebroken of de productie wordt gestimuleerd van een enzym dat nodig is om het toxine uit een ander te verwijderen. We zijn nog maar net begonnen de relaties tussen voedingsmiddelen in een keuken te begrijpen.

Maar we begrijpen enkele van de eenvoudigste relaties tussen voedingsmiddelen, zoals:

de nulsomrelatie: als je veel van het ene eet, eet je waarschijnlijk niet veel van het andere. Dit enkele feit kan ertoe hebben bijgedragen dat onderzoekers de relatie tussen voeding en hart in de verkeerde richting hebben bestudeerd. Zoals velen van ons, gingen ze ervan uit dat een slecht gevolg zoals hartziekte een slechte oorzaak moet hebben gehad, zoals verzadigd vet of cholesterol, dus concentreerden ze hun energie op het uitzoeken hoe deze slechte voedingsstoffen ziekte konden veroorzaken in plaats van hoe de afwezigheid iets anders, zoals plantaardig voedsel of vis, kan de etiologie van de ziekte zijn. De voedingswetenschap is over het algemeen meer toegewijd aan het idee dat de problemen die ze bestudeert voortkomen uit een teveel aan een slechte substantie, niet een gebrek aan een goede. Is dit goede wetenschap of vooringenomenheid door voedingsdeskundigen? Epidemioloog John Powels heeft gesuggereerd dat deze voorliefde niet meer is dan een puriteins vooroordeel: slechte dingen gebeuren met mensen die slechte dingen eten.

Maar wat mensen niet eten, is misschien net zo belangrijk als wat ze eten. Dit feit kan verklaren waarom populaties die diëten consumeren die rijk zijn aan voedingsmiddelen van dierlijke oorsprong, vaker coronaire hartziekten en kanker hebben dan degenen die dat niet doen. Maar voedingswetenschap heeft onderzoekers aangemoedigd om verder te kijken dan het verdachte voedsel zelf - vlees. De gezondheid van verpleegkundigen vindt geen bewijs dat het verminderen van de vetconsumptie de incidentie van hartaandoeningen of kanker aanzienlijk vermindert.

Natuurlijk, dankzij de vetarme rage (geïnspireerd door dezelfde reductionistische veronderstelling over vet), kun je gemakkelijk je inname van verzadigd vet verminderen zonder je dierlijke eiwitten te veel te verminderen: drink gewoon magere melk, koop magere kaas, en bestel kipfilet of kalkoenbacon in plaats van hamburger. Dus hebben de grote voedselproeven vlees of alleen vet vrijgesteld? Helaas vertelde de focus op voedingsstoffen ons niet veel over voedsel. Misschien is de boosdoener in vlees en zuivel het eiwit zelf, zoals sommige onderzoekers suggereren. (T. Colin Campbell, een voedingsdeskundige bij Cornell, maakt deze bewering in zijn recente boek, The China Study.) Anderen denken dat het

het specifieke type ijzer in rood vlees kan zijn (heemijzer genaamd) of de nitrosaminen die worden geproduceerd wanneer vlees wordt gekookt . Misschien zijn het de steroïdale groeihormonen die normaal aanwezig zijn in melk en vlees; het is bekend dat deze hormonen (die van nature in vlees en melk voorkomen, maar bij industriële productie vaak worden verhoogd) sommige vormen van kanker veroorzaken.

Of, zoals ik al zei, het probleem met een op vlees gebaseerd dieet is misschien niet eens

het vlees zelf zijn, maar de groenten die al dit vlees van het bord haalde. We weten het gewoon niet. Maar gezondheidsbewuste mensen hoeven niet te wachten tot de wetenschap dit probleem oplost om te concluderen dat het misschien verstandiger is om meer groenten en minder vlees te eten. Dit is ongetwijfeld precies wat de McGovern-commissie ons probeerde te vertellen.

De zero-sum misvatting van voedingswetenschap vormt een ander obstakel voor het identificeren van het effect van een enkele voedingsstof.

Zoals Gary Taubes opmerkt, is het moeilijk om een voedseltest te ontwerpen om naar iets als verzadigd vet te kijken, want zodra het uit het testdieet is geëlimineerd, heb je ofwel de calorieën van dat dieet drastisch verminderd of het verzadigde vet vervangen door iets anders : andere vetten (maar welke?), koolhydraten (maar welke?) of eiwitten. Wat je ook doet, je hebt al een tweede variabele in het experiment geïntroduceerd, dus je kunt geen enkel waargenomen effect strikt toeschrijven aan de afwezigheid van verzadigd vet. Dit kan heel goed worden toegeschreven aan het verminderen van calorieën of het toevoegen van koolhydraten of meervoudig onverzadigde vetten. Voor elke voedingshypothese die wordt getest, kan een alternatieve hypothese worden gemaakt op basis van de aan- of afwezigheid van de vervangende voedingsstof. Het raakt verward.

En dan is er nog het placebo-effect, dat voedingsonderzoekers altijd verbijsterd heeft. Bijna een derde van de Amerikanen zijn wat onderzoekers responders noemen - mensen die reageren op een behandeling of interventie zonder deze daadwerkelijk te ontvangen. Wanneer een medicijn wordt getest, kan dit worden gecorrigeerd met een placebo in de test, maar hoe corrigeer je het placebo-effect in het geval van een voedseltest? Het is niet mogelijk: vetarme voedingsmiddelen smaken zelden als echt voedsel, en niemand zal ooit een vleesgerecht verwarren met een vegetarisch alternatief.

Marion Nestle raadt ook af om voeding uit de context van levensstijl te halen, een gevaar, vooral bij het vergelijken van diëten van verschillende populaties. De Middellandse Zee wordt beschouwd als een van de gezondste traditionele diëten, maar bijna alles wat we erover weten is gebaseerd op studies van Kretenzer inwoners in de jaren vijftig, die in veel opzichten een heel ander leven leidden dan het onze. Ja, ze aten veel olijfolie en meer vis dan vlees. Maar ze deden ook meer fysiek werk. Als orthodoxe christenen vastten ze vaak. Ze aten veel wilde groenten - onkruid. En misschien wel het belangrijkste: in totaal verbruikten ze veel minder calorieën dan wij. Op dezelfde manier is veel van wat we weten over de gezondheidsvoordelen van een vegetarisch dieet gebaseerd op studies van Zevende-dags Adventisten die het voedingsbeeld vertekenen door zich te onthouden van alcohol, tabak en vlees. Deze ongerelateerde maar onvermijdelijke factoren worden terecht confounders genoemd.

Nog een laatste voorbeeld: mensen die supplementen slikken zijn gezonder dan mensen die dat niet doen, maar hun gezondheid heeft waarschijnlijk niets te maken met de supplementen die ze gebruiken - waarvan de meeste volgens recente studies onschadelijk zijn. Supplementenaars zijn over het algemeen de best opgeleide en rijkste mensen die, bijna per definitie, meer dan normaal geïnteresseerd zijn in hun gezondheid - een verstorende factor die waarschijnlijk hun superieure gezondheid verklaart.

Maar als verwarrende leefstijlfactoren epidemiologische vergelijkingen van verschillende populaties verstoren, hebben de zogenaamd meer rigoureuze studies van grote Amerikaanse populaties hun eigen problemen die mogelijk nog meer ontwrichtend zijn. In oplopende volgorde van veronderstelde betrouwbaarheid hebben onderzoekers drie hoofdmethoden om de impact van voeding op de gezondheid te bestuderen: de controlegroepstudie, de cohortstudie en de interventiestudie. Alle drie hebben ze ernstige gebreken, elk op hun eigen manier.

In de studie van controlegroepen proberen onderzoekers het dieet te bepalen van een persoon bij wie een chronische ziekte is vastgesteld om de oorzaak van die ziekte te achterhalen. Een probleem is dat wanneer mensen ziek worden , ze hun dieet kunnen veranderen, dus het dieet dat ze melden is mogelijk niet verantwoordelijk voor hun ziekte. Een ander probleem is dat deze patiënten vaak zullen zeggen dat ze grote hoeveelheden eten van de voedingsstof die momenteel als slecht wordt beschouwd. Deze mensen lezen ook de krant: het is logisch dat ze op zoek gaan naar wat hen ongemak bezorgt, en de ziekte misschien koppelen aan hun gedrag. Een van de meest schadelijke aspecten van voeding is dat we worden aangemoedigd om onze gezondheidsproblemen toe te schrijven aan keuzes in levensstijl, wat impliceert dat het individu verantwoordelijk is voor elke ziekte die hem treft. Het is de moeite waard om te onthouden dat sociale klasse een veel krachtiger factor is dan dieet of lichaamsbeweging bij het voorspellen van hartaandoeningen.

Langdurige observatiestudies van cohortgroepen, zoals de Nurses' Health Study, zijn veel betrouwbaarder dan de controlegroepstudie. Om te beginnen: de onderzoeken zijn prospectief in plaats van retrospectief; ze beginnen patiënten te begeleiden voordat ze ziek worden. De Nurses' Study, die gegevens verzamelde over de voedingsgewoonten en gezondheidsgevolgen van meer dan 100.000 vrouwen gedurende meerdere decennia (tegen een kostprijs van meer dan $ 100 miljoen), wordt beschouwd als de beste studie in zijn soort, maar heeft ook zijn beperkingen. De ene is gebaseerd op vragenlijsten gericht op de frequentie van consumptie van een bepaald voedingsmiddel (waar we het zo meteen over zullen hebben). Een ander voorbeeld is de populatie verpleegkundigen die ervoor kozen om te studeren. Critici (met name Colin Campbell) wijzen erop dat de steekproef relatief uniform is en zelfs meer vleesetend is dan de Amerikaanse bevolking als geheel. Bijna alle leden van de groep eten een westers dieet. Dit betekent dat wanneer onderzoekers de geobserveerde populatie in groepen verdelen (meestal vijf) om de impact van bijvoorbeeld een vetarm dieet te bestuderen, de hoeveelheid vet in het dieet van de groep die het minste vet consumeert niet zo veel minder is - of niet. zo sterk verschilt van de groep die het meest consumeert. "Vrijwel deze hele groep verpleegkundigen eet een risicovol dieet", aldus Campbell. Dit kan verklaren waarom de Nurses Study voor veel van de onderzochte voedingsinterventies geen significante voordelen heeft gevonden. In een populatie die zo'n vrij standaard westers dieet krijgt, zul je nooit de effecten zien, positief of negatief, van radicaal verschillende manieren van eten. (In zijn boek vertelt Campbell Walter Willets reactie op deze kritiek: "Misschien heb

je gelijk, Colin, maar zo ver willen mensen niet gaan.")
De zogenaamde gouden standaard van voedingsonderzoek is de interventionele studie van
Grote schaal. Bij dit type onderzoek, waarvan het Women's Health Initiative het grootste en bekendste voorbeeld is, wordt een grote populatie in twee groepen verdeeld. De interventiegroep verandert hun dieet zoals voorgeschreven, terwijl de controlegroep (hopelijk) dat niet doet. De twee groepen worden vervolgens gedurende vele jaren gevolgd om te zien of de interventie de relatieve percentages van chronische ziekten beïnvloedt. In het geval van het vetonderzoek van het Women's Health Initiative, een investering van 415 miljoen dollar, gesponsord door de National Institutes of Health, werden de voedingsgewoonten en gevolgen voor de gezondheid van bijna 49.000 vrouwen (tussen 50 en 79 jaar oud) gedurende acht jaar gevolgd om beoordeel de impact van een vetarm dieet op het risico van een vrouw op borst- en colorectale kanker en

hartziekte. vetconsumptie tot 20% van de totale calorieën. Toen ze in 2006 werden aangekondigd, stonden de resultaten op de voorpagina van kranten (de kop van de New York Times luidde: VETVERMINDERD DIEET VERMINDERT RISICO'S NIET VOOR DE GEZONDHEID, ONTDEK STUDIE) en de wolk van voedingsverwarring waaronder Amerikanen zich tot het uiterste inspannen om te eten, is nog verder verduisterd.

Zelfs een vluchtig onderzoek van de methoden van dit onderzoek doet je afvragen wat er is bewezen over vet- of vleesconsumptie in de voeding. Men zou kunnen stellen dat, net als de Nurses' Health Study, al deze tests bewijzen dat het veranderen van één voedingscomponent per keer, en niet veel, geen significante gezondheidsvoordelen heeft. Maar misschien wel de belangrijkste conclusie die uit een analyse van het Women's Health Initiative kan worden getrokken, gaat over de inherente beperkingen van dit soort voedingsonderzoek dat zich van voedingsstof voor voedingsstof richt.

Zelfs een eerstejaarsstudent in de studie van voedingsleer zal onmiddellijk een aantal tekortkomingen ontdekken: de nadruk lag op voedingsvet in plaats van op een specifiek voedingsmiddel, zoals vlees of zuivel. Daarom zouden vrouwen hun doel kunnen bereiken door simpelweg over te schakelen op vetarme dierlijke producten. En er werd geen onderscheid gemaakt tussen soorten vet: vrouwen die hun toegestane vetrantsoen uit olijfolie of vis haalden, werden op dezelfde lijst gezet als degenen die het kregen van magere kaas, kipfilet of margarine. . Omdat? Want toen de studie 16 jaar geleden werd bedacht, viel het hele begrip "goede vetten" nog steeds niet binnen de reikwijdte van de reguliere wetenschap. Wetenschappers bestuderen wat wetenschappers kunnen zien.

Een ander probleem met de test was dat de vetarme groep niet voldeed aan het doel om de vetconsumptie te verminderen tot 20% van de totale calorieën. Het maximale wat ze bereikten was 24% in het eerste jaar, maar aan het einde van het onderzoek waren ze terug naar 29%, slechts een paar procentpunten lager dan de vetinname van de controlegroep. Die was aan het dalen, aangezien wordt aangenomen dat vrouwen vrij vet mogen eten, kranten en etiketten van voedselproducten kunnen lezen en het culturele enthousiasme voor alles met weinig vet hebben geabsorbeerd. (Deze corruptie van een controlegroep door populaire voedingsadviezen wordt het behandelingseffect genoemd.) Het is dus niet verwonderlijk dat de gevolgen voor de gezondheid van de twee groepen niet erg verschillend waren - uiteindelijk zouden ze min of meer hetzelfde dieet kunnen consumeren . .

Ik zeg "zou kunnen zijn", omdat we eigenlijk niet echt weten wat die vrouwen echt aten. Zoals bijna iedereen naar hun dieet vroeg, logen ze - wat ons misschien wel het grootste probleem brengt waarmee de persoon die voedingswetenschap doet, wordt geconfronteerd. Zelfs de wetenschappers die proberen de frequentievragenlijst te beantwoorden die wordt gebruikt door het Women's

Health Initiative, zoals ik onlangs deed, beseffen hoe onstabiel de gegevens waarop deze voedingsstudies zijn gebaseerd. De enquête, die ongeveer 45 minuten in beslag neemt, begint met een paar vrij eenvoudige vragen: "Heeft u de afgelopen drie maanden kip of kalkoen gehad?" Nadat ik ja had geantwoord, werd mij gevraagd: "Als je kip of kalkoen at, hoe vaak at je dan de schil?" En: "Heb je in het algemeen voor wit vlees, donker vlees gekozen?" Maar het onderzoek werd al snel moeilijker, zoals toen hij me vroeg om de afgelopen drie maanden samen te vatten, om te onthouden of, toen ik okra, pompoen of yams at, ik ze gebakken at, en zo ja, als ze gebakken waren in margarine in een tablet, in een buis. , in boter, in vet (een categorie waarin, om onverklaarbare redenen, gehydrogeneerde plantaardige olie en spek), in olijfolie of koolzaadolie, of in anti-aanbakspray? Ik hoopte dat ze mijn antwoorden met een korreltje zout zouden nemen, want eerlijk gezegd wist ik het niet meer, en in het geval van okra die in een restaurant werd gegeten, kon noch een hypnotiseur, noch een CIA-ondervrager uit mij halen wat voor soort vet het was. gestoofd. Nu de helft van ons voedselbudget wordt besteed aan uit eten gaan, hoe konden respondenten dan weten wat voor soort vet ze consumeerden? noch een hypnotiseur, noch een CIA-ondervrager kon uit me opmaken in wat voor soort vet hij gesmoord was. Nu de helft van ons voedselbudget wordt besteed aan uit eten gaan, hoe konden respondenten dan weten wat voor soort vet ze consumeerden? noch een hypnotiseur, noch een CIA-ondervrager kon uit me opmaken in wat voor soort vet hij gesmoord was. Nu de helft van ons voedselbudget wordt besteed aan uit eten gaan, hoe konden respondenten dan weten wat voor soort vet ze consumeerden?

De situatie werd nog vager in het tweede deel van het onderzoek, toen ik Mij werd gevraagd om aan te geven hoe vaak ik in de afgelopen drie maanden een halve kop broccoli had gegeten, tussen een duizelingwekkende selectie van andere groenten en fruit die ik in het kwartaal moest opnemen. Ik weet niet of Marcel Proust zelf alles kon herinneren wat hij de afgelopen negentig dagen had gegeten met de precisie die de Frequentievragenlijst vereiste.

Als het gaat om het vleesgedeelte, zijn de gespecificeerde portiegroottes sinds de regering-Hoover niet meer gezien in de Verenigde Staten. Als een portie van 113 gram biefstuk als "gemiddeld" wordt beschouwd, zou ik dan zelfs toegeven dat de biefstuk die ik heb gegeten Ik weet niet hoe vaak in de afgelopen drie maanden misschien twee of drie porties was (of, in het geval van een steakhouse, minstens vier!). Ik denk het niet. In feite gaven de meeste "gemiddelde porties" waarmee ik mijn eigen consumptie moest vergelijken, me het gevoel dat ik een varken was, dus ik wilde een paar gram hier snijden, een paar gram daar. (Weet je, ik stond niet onder ede of zo.)

Het is op basis van dit soort gegevens dat de belangrijkste kwesties van voeding en gezondheid vandaag worden beslist. "De moeilijkste intellectuele uitdaging op het gebied van voeding", zoals Marion Nestle zegt in Food Politics, "is het bepalen van de voedselconsumptie." Wat verontrustend is, is dat het hele veld van de voedingswetenschap berust op een fundament van onwetendheid en geest op de meest elementaire kwestie van voeding: wat eten mensen? Tijdens de lunch vroeg ik Nestle of ik te hard was. Ze lachte.

"Om echt te weten wat iemand eet, zou je een onzichtbaar persoon moeten sturen die hen volgt, fotografeert, ingrediënten bekijkt en nauwkeurige voedselsamenstellingstabellen raadpleegt, wat we niet hebben." Wanneer u een vragenlijst beantwoordt over hoe vaak u een wortel hebt gegeten, doorzoekt de tabel een database van het Amerikaanse ministerie van Landbouw om de exacte hoeveelheid calcium of bètacaroteen die wortel bevat te bepalen. Maar aangezien wortelen niet allemaal hetzelfde worden geproduceerd en hun voedingsstoffen in alles verschillen, van de geplante variëteit en het type grond waarin ze zijn gekweekt tot het gebruikte landbouwsysteem (biologisch? conventioneel?) en de versheid van de wortel, lijden deze tabellen van hun eigen onnauwkeurigheden.

Ik begon te beseffen hoeveel kritische stilstand vereist was om voedingswetenschapper te zijn.

'Het is onmogelijk,' vervolgde Nestle. "Onderschatten mensen onbewust de consumptie van voedingsmiddelen die de onderzoeker slecht vindt of overschatten ze de consumptie van voedingsmiddelen die hij als goed beschouwt? We weten het niet. Waarschijnlijk beide. Het rapporteringsprobleem is zeer ernstig. We moeten ons afvragen: hoe nauwkeurig zijn de gegevens?"

Niet dat de epidemiologen die de frequentievragenlijsten ontwikkelen en verspreiden zich niet bewust zijn van hun beperkingen. Sommigen, zoals Walter Willet, doen enorme inspanningen om de gebrekkige gegevens te herstellen, ontwikkelen "vermogensaanpassingsfactoren" om het feit te corrigeren dat de calorieën die in enquêtes worden gerapporteerd altijd verkeerd zijn, evenals gecompliceerde "meetfout"-algoritmen om de fouten te herstellen. fouten in de 24-uurs gegevensverzameling gebruikt om fouten in de aanwezigheidsvragenlijst te herstellen.

Ik vond Glady's Block, de eminente epidemioloog die de frequentievragenlijst ontwikkelde waarop het Women's Health Initiative zijn vragenlijst baseerde. We ontmoeten elkaar voor koffie in Berkeley, waar ze professor is aan de School of Public Health. Bijna met pensioen, Block is buitengewoon attent op haar gebiedsgrenzen en onweerstaanbaar oprecht. "Het is een puinhoop", zei ze, niet verwijzend naar de frequentievragenlijst zelf, maar naar de verschillende formules en algoritmen die worden gebruikt om fouten in de gegevens te corrigeren. "Want als de energie [dat wil zeggen, het gerapporteerde calorieverbruik] niet overeenkomt met het feit, dan komen de voedingsstoffen ook niet overeen. Dus als je de calorieën wilt fixen, dan moet je dat ook doen...' Ze zweeg even en zuchtte toen. "Nee, het is een puinhoop."

Block is van mening dat het probleem met voedingswetenschap dat volgens haar "ons op een dwaalspoor heeft gebracht" niet de frequentievragenlijst zelf is, maar eerder een verkeerde interpretatie en overdrijving van de gegevens die door dit soort vragenlijsten worden gegenereerd, een hulpmiddel waarvoor ze realistisch maar zeer bescheiden beweringen: "het echte doel van de vragenlijst is om mensen te rangschikken" op basis van hun relatieve consumptie van bijvoorbeeld fruit en groenten of totale calorieën. "Als iemand zegt dat hij vijfhonderd calorieën per dag binnenkrijgt, is dat natuurlijk niet waar, maar je zou kunnen zeggen dat die persoon aan de onderkant van het spectrum zit. Er is een overdreven zorg met nauwkeurigheid."

Het was niet het soort verklaring dat ik van een epidemioloog verwachtte te horen. En deze niet: "Ik geloof niets anders dat ik lees in voedingsepidemiologie. Op dit moment ben ik erg sceptisch."

Hoofdstuk nr. 10

De kinderen van voedingsleer

Dus, hoe eindigen we met dit alles? Meer verward over hoe te eten dan enig ander volk in de geschiedenis zou mijn strikt onwetenschappelijke conclusie zijn. In feite is er een enigszins eenvoudige wetenschap, dat moet worden erkend, die een deel van de verwarring heeft veroorzaakt die de zogenaamd complexere voedingswetenschap in de hoofden van Amerikanen heeft gezaaid. Paul Rozin is de psycholoog van de Universiteit van Pennsylvania die enkele van de meest fantasierijke onderzoeksvragen heeft bedacht die ooit aan Amerikanen zijn gesteld; de antwoorden die hij verzamelde, geven een goede indicatie van onze huidige verwarring en bezorgdheid over voedsel. Rozin ontdekte bijvoorbeeld dat de helft van de Amerikanen denkt dat calorierijk voedsel dat in kleine hoeveelheden wordt gegeten, meer calorieën bevat dan caloriearm voedsel dat in veel grotere hoeveelheden wordt gegeten. En een derde denkt dat een dieet dat helemaal geen vet bevat - een voedingsstof, vergeet niet, essentieel voor ons voortbestaan - beter zou zijn dan een dieet dat slechts 'een snufje' ervan bevat. In één experiment liet hij de woorden 'chocoladetaart' zien aan een groep Amerikanen en noteerde hun associaties van ideeën. "Schuld" was het beste antwoord. Als dat niets voor je klinkt, denk dan eens aan het Franse antwoord op dezelfde vraag: "Viering." (Oh, ja.) Ik zie Rozin als een soort voedingsdeskundige psychoanalyticus. Als dat niets voor je klinkt, denk dan eens aan het Franse antwoord op dezelfde vraag: "Viering." (Oh, ja.) Ik zie Rozin als een soort voedingsdeskundige psychoanalyticus. Als dat niets voor je klinkt, denk dan eens aan het Franse antwoord op dezelfde vraag: "Viering." (Oh, ja.) Ik zie Rozin als een soort voedingsdeskundige psychoanalyticus.

Een paar jaar geleden presenteerde Rozin het volgende scenario aan een groep van:

Amerikanen: "Stel je voor dat je een jaar alleen bent op een onbewoond eiland en dat je water en ander voedsel kunt krijgen. Kies het voedsel dat volgens jou het beste is voor je gezondheid."

De keuzes waren maïs, alfalfaspruiten, hotdogs, spinazie, perziken, bananen en melkchocolade. De meest populaire keuze was banaan (42%), gevolgd door spinazie (27%), maïs (12%), alfalfaspruiten (7%), perziken (5%), hotdogs (4%) en melkchocolade. (3%). Slechts 7% van de deelnemers koos een van de twee voedingsmiddelen die daadwerkelijk overleving zouden garanderen: hotdogs en melkchocolade. Blijkbaar is een deel van het puin van de lipidehypothese op het verlaten eiland Rozin terechtgekomen.

"Vet", zegt hij, "lijkt, zelfs op lage niveaus, de rol van een toxine te hebben overgenomen" in onze voedselverbeelding. Ik zou graag willen weten waarom. Zoals Rozin opmerkt: "Je zoveel zorgen maken over eten kan niet erg goed zijn voor je gezondheid". In werkelijkheid. Orthorexia nervosa is een eetstoornis die nog niet wordt erkend door de DSM-IV [Diagnostic and Statistical Manual of Mental Disorders, 4th Edition, of the North American Psychiatric Association], maar sommige psychologen hebben onlangs gesuggereerd dat het hoog tijd is om dat wel te worden. Ze zien dat steeds meer patiënten lijden aan 'een verderfelijke obsessie met gezond eten'.

Dus het verlaten van de wetenschap en het sciëntisme als de baas over het Amerikaanse dieet heeft tot dit resultaat geleid: angst en verwarring over zelfs de meest elementaire kwesties met betrekking tot voedsel en gezondheid, en een toenemend onvermogen om te genieten van een van de grootste geneugten van het leven zonder schuldgevoel of neurose.

Maar hoewel voedingsleer zijn wortels heeft in een wetenschappelijke benadering van voedsel, is het belangrijk om te onthouden dat het geen wetenschap is maar een ideologie, en dat de voedingsindustrie, de journalistiek en de overheid evenzeer verantwoordelijk zijn voor het feit dat deze ideologie onze geest heeft veroverd en ons dieet. De drie hielpen het signaal van nutritionisme te versterken: journalistiek, op de voorpagina op kritiekloze wijze verslag doen van de nieuwste voedingsonderzoeken; de voedingsindustrie, die reclame maakt voor dubieuze voedselachtige producten op basis van zwakke voedingsinformatie; en de regering, die de taak op zich nam om officiële aanbevelingen over voedsel te publiceren, ten eerste gebaseerd op vage wetenschap en ten tweede gecorrumpeerd door politieke druk. Nieuwe voedingsproducten die door de industrie zijn ontworpen volgens de laatste speculaties van voedingsdeskundigen, hebben zeker geholpen om echt voedsel van ons bord te krijgen. Maar de invloed van de industrie zou lang niet zo groot zijn als de ideologie van het voedingspatroon niet al de invloed van traditie, gewoonte en gezond verstand - en de overbrenger van al deze waarden, mam - in ons voedsel had ondermijnd.

Nu, dit zou allemaal te verdragen zijn als we eten in het licht van voedingspatroon in maken, zo niet gelukkiger, in ieder geval gezonder. Wat nog niet is gebeurd. Dertig jaar voedingsadviezen hebben ons dikker, zieker en ondervoed gemaakt. Daarom bevinden we ons in deze moeilijke situatie: we hebben behoefte aan een geheel nieuwe manier van denken over eten.

Hoofdstuk nr. 11

De Aboriginal in ons allemaal

In de zomer van 1982 stemde een groep van tien inboorlingen met overgewicht en diabetes van middelbare leeftijd die in nederzettingen in de buurt van de stad Derby, West-Australië woonden, ermee in deel te nemen aan een experiment om te zien of ze, door het proces van verwestering dat ze hadden doorgemaakt, om te keren, , zou het ook mogelijk zijn om hun gezondheidsproblemen ongedaan te maken. Sinds ze een paar jaar eerder het bos verlieten, hadden ze allemaal diabetes type 2 ontwikkeld; ze vertoonden ook tekenen van insulineresistentie (wanneer de lichaamscellen hun gevoeligheid voor insuline verliezen) en hoge niveaus van triglyceriden in hun bloed - een risicofactor voor hartaandoeningen. "Metabool syndroom" of "Syndroom X" is de medische term voor de reeks gezondheidsproblemen die deze aboriginals ontwikkelden: de grote hoeveelheid geraffineerde koolhydraten in het dieet in combinatie met een zittende levensstijl heeft het ingewikkelde (en nog niet volledig begrepen) systeem verstoord door waarbij het hormoon insuline de koolhydraat- en vetstofwisseling van het lichaam regelt. Het metabool syndroom is niet alleen betrokken bij de ontwikkeling van diabetes type 2, maar ook bij obesitas, hypertensie, hartaandoeningen en mogelijk bepaalde soorten kanker. Sommige onderzoekers zijn van mening dat het metabool syndroom de oorzaak kan zijn van veel van de 'beschavingsziekten' die vaak gepaard gaan met het aannemen van een westerse levensstijl door een inheemse bevolking en de voedingstransitie die vaak met zich meebrengt.

De tien aboriginals keerden terug naar hun thuisland, een geïsoleerd gebied in het noordwesten

vanuit Australië meer dan een dagreis van de dichtstbijzijnde stad in een terreinwagen. Vanaf het moment dat ze de beschaving verlieten, had de groep geen toegang tot eten en drinken in magazijnen; het idee was dat mannen en vrouwen uitsluitend afhankelijk zouden zijn van voedsel dat ze jaagden en voor zichzelf verzamelden. (Zelfs toen ze in de stad woonden, jaagden ze nog steeds van tijd tot tijd op traditioneel voedsel en hadden ze dus hun kennis bewaard over hoe ze dit moesten doen.) Kerin O'Dea, de voedingsonderzoeker die het experiment bedacht, vergezelde de groep om toezicht te houden en registreer hun voedselconsumptie en observeer de gezondheid van elk van de deelnemers.

De Aboriginals verdeelden hun verblijf van zeven weken in het bos tussen een kust- en een landinwaartse locatie. Aan de kust bestond hun dieet voornamelijk uit zeevruchten, aangevuld met vogels, kangoeroes en vette inheemse insectenlarven. In de hoop meer producten van plantaardige oorsprong te vinden, ging de groep na twee weken landinwaarts en vestigde zich aan de oevers van een rivier, waar, naast zoetwatervissen en schaaldieren, het dieet veranderde met schildpadden, krokodillen, vogels, kangoeroes, yams, vijgen en wilde honing. Het contrast tussen dit jager-verzamelaarsdieet en het vorige dieet was schril: O'Dea zegt dat, vóór de ervaring, "de belangrijkste voedselcomponenten in de stedelijke omgeving meel, suiker, rijst, koolzuurhoudende dranken, alcoholische dranken (bier en wijn) waren do Porto), melkpoeder, tweederangs vet vlees, aardappelen, uien en variabele bijdragen van andere verse groenten en fruit" — de lokale versie van het westerse dieet.

Na zeven weken in het bos nam O'Dea bloed af bij de aboriginals en vond een ongelooflijke verbetering in vrijwel elke test om zijn gezondheid te beoordelen. Allen waren afgevallen (gemiddeld 8,1 kilo) en de bloeddruk was gedaald. Haar triglyceridenspiegels hadden normale waarden bereikt. Het aandeel omega-3 vetzuren in hun weefsels was enorm toegenomen. "Samenvattend," zei O'Dea, "alle metabole afwijkingen van diabetes type 2 waren ofwel sterk verbeterd (glucosetolerantie, insulinerespons op glucose) of volledig genormaliseerd (plasmalipiden) in een groep inboorlingen met diabetes dankzij een relatief korte (zeven weken) omkering naar de levensstijl van jager-verzamelaars."

Het geniale van Kerin O'Dea's ervaring was de eenvoud - en de

weigering om meegesleurd te worden in het wetenschappelijke labyrint van voedingsleer. Ze probeerde niet uit de complexiteit van het dieet (voor of na het experiment) de voedingsstof te kiezen die de resultaten zou kunnen verklaren - of het nu het vetarme dieet was, de afwezigheid van geraffineerde koolhydraten of de vermindering van het totale aantal calorieën dat was verantwoordelijk voor de verbeterde gezondheid. van de groep. In plaats daarvan lag haar focus op bredere voedingspatronen, en hoewel deze benadering zijn beperkingen heeft (we kunnen uit zo'n onderzoek niet precies afleiden welk onderdeel van het westerse dieet we moeten aanpassen om de effecten te bufferen). grote verdienste om te ontsnappen aan de mengelmoes van tegenstrijdige theorieën over specifieke voedingsstoffen en onze aandacht te vestigen op meer fundamentele vragen over de relatie tussen voeding en gezondheid.

Zoals deze: in hoeverre zijn we allemaal aboriginals? Als je bedenkt dat tweederde van de Amerikanen te zwaar of zwaarlijvig is, dat een kwart het metabool syndroom heeft, dat 54 miljoen mensen prediabetisch zijn en dat de incidentie van diabetes type 2 sinds 1990 met 5% is gestegen, van 4% tot 7,7 % van de volwassen bevolking (dat zijn meer dan 20 miljoen Amerikanen), is de vraag lang niet zo dwaas als het klinkt.

Hoofdstuk nr. 12

Het voor de hand liggende dat niemand wil zien

Uiteindelijk slagen zelfs de grootste, meest ambitieuze en meest gepubliceerde onderzoeken over voeding en gezondheid - de Nurses' Health Study, het Women's Health Initiative en bijna alle andere - er niet in om de belangrijkste kenmerken van het westerse dieet aan te pakken: veel voedsel en bewerkt vlees, veel toegevoegd vet en suiker, veel van alles behalve fruit, groenten en volle granen. In overeenstemming met het paradigma van voedingsleer en de beperkingen van de reductionistische wetenschap, manipuleren de meeste voedingsonderzoekers eenvoudige voedingsstoffen zo goed als ze kunnen, maar de populaties die ze rekruteren en bestuderen zijn typische Amerikanen die doen wat typische Amerikanen doen: iets minder van deze voedingsstof eten. , een beetje meer van dat, afhankelijk van de mode. Maar het voedingspatroon als geheel wordt behandeld als een min of meer onveranderd gegeven.

Maar hoe zit het met het voor de hand liggende dat niemand wil zien - dit eetpatroon dat we het westerse dieet noemen? Te midden van onze steeds groter wordende verwarring over voeding, kan het nuttig zijn om een stap terug te doen en ernaar te kijken - om te bekijken wat we weten over het westerse dieet en de effecten ervan op onze gezondheid. Wat we wel weten, is dat mensen die het westerse dieet eten, het slachtoffer zijn van een aanzienlijk hogere incidentie van kanker, hart- en vaatziekten, diabetes en obesitas dan mensen die een ander type traditioneel dieet eten. We weten ook dat wanneer mensen naar het Westen komen en ons dieet overnemen, deze ziekten snel verschijnen, en vaak, zoals in het geval van Aboriginals en andere inheemse bevolkingsgroepen, in een bijzonder virulente vorm.

We begonnen de grote lijnen van dit verhaal te zien - de geschiedenis van zogenaamde westerse ziekten en hun verband met het westerse dieet - in de eerste decennia van de twintigste eeuw. Het was toen dat enkele onverschrokken Europese en Amerikaanse professoren die met inheemse bevolkingsgroepen over de hele wereld werkten, de bijna volledige afwezigheid begonnen op te merken van de chronische ziekten die recentelijk gemeengoed waren geworden in het Westen. Albert Schweitzer en Denis P. Burkitt in Afrika, Robert McCarrison in India, Samuel Hutton onder de Eskimo's, ook bekend als Inuit, in Labrador, de antropoloog Aleš Hrdlivčka onder de indianen en de tandarts Weston A. Prijs onder meer dan tien verschillende groepen over de hele wereld (inclusief Peruaanse Indianen, Australische Aboriginals en Zwitserse Hooglanders) meldden min of meer hetzelfde nieuws. werden gepubliceerd in medische tijdschriften, van de veelvoorkomende aandoeningen die ze moesten aantreffen in de inheemse populaties die ze behandelden of bestudeerden: hartaandoeningen, diabetes, kanker, zwaarlijvigheid, hypertensie of beroerte komen ofwel niet voor of komen heel weinig voor; blindedarmontsteking, diverticulitis, vervorming van de tandboog of cariës zijn afwezig, evenals spataderen, zweren en aambeien. Dergelijke aandoeningen kwamen deze onderzoekers plotseling in een nieuw licht, zoals de naam die de Britse arts

Denis Burkitt, die tijdens de Tweede Wereldoorlog in Afrika werkte, aan hen gaf, aangeeft: hij stelde voor om ze westerse ziekten te noemen. De implicatie was dat deze verschillende soorten ziekten op de een of andere manier met elkaar verbonden waren en misschien een gemeenschappelijke oorzaak hadden.

Verschillende van deze onderzoekers waren beschikbaar om getuige te zijn van de komst van westerse ziekten in geïsoleerde populaties, bijna altijd, zoals Albert Schweitzer het uitdrukte, onder "inboorlingen die steeds meer op de weg van blanken leven". Sommigen hebben opgemerkt dat westerse ziekten ontstonden kort na de komst van westers voedsel, met name geraffineerd meel en suiker en andere soorten 'voorraadvoedsel'. Ze merkten ook op dat wanneer een westerse ziekte op het toneel verscheen, bijna alle anderen verschenen, en vaak in dezelfde volgorde: obesitas, gevolgd door diabetes type 2, gevolgd door hypertensie en beroerte, gevolgd door hartaandoeningen.

Vóór de Tweede Wereldoorlog voerde

de geneeskunde een levendige dialoog over het onderwerp westerse ziekten en wat hun opkomst zou kunnen zeggen over onze steeds meer geïndustrialiseerde manier van leven. De pioniers van het concept waren van mening dat er nieuwigheden in het moderne dieet waren waaraan de inheemse bevolking niet goed was aangepast, hoewel ze het niet noodzakelijk eens waren over welke nieuwigheid de oorzaak was. Burkitt dacht bijvoorbeeld dat het het gebrek aan vezels in het moderne dieet was, terwijl McCarrison, een Britse legerarts, zich concentreerde op geraffineerde koolhydraten, terwijl weer anderen de consumptie van vlees en verzadigde vetten of, in het geval van Price, de komst van bewerkte voedingsmiddelen en industrieel geteelde granen met een tekort aan vitamines en mineralen.

Maar niet iedereen accepteerde het idee dat chronische ziekten een bijproduct waren van de westerse levensstijl, en in het bijzonder het idee dat de industrialisatie van ons voedsel onze gezondheid schaadde. Een bezwaar tegen de theorie was de genetica: verschillende rassen waren vatbaar voor verschillende ziekten, zeiden ze; blanken waren vatbaar voor hartaanvallen, bruin tot ziekten zoals lepra. Maar, zoals Burkitt en anderen hebben opgemerkt, leden zwarten die in de Verenigde Staten woonden aan dezelfde chronische ziekten als blanken daar. Toen ze naar plaatsen als de Verenigde Staten verhuisden, leken immigranten uit landen met een laag percentage chronische ziekten ze snel te verwerven.

Het andere bezwaar tegen het westerse concept van ziekte, dat soms nog steeds wordt gehoord, is: kanker, hartaandoeningen en vele andere westerse ziekten zijn nu een

zo'n geaccepteerd onderdeel van het moderne leven dat het moeilijk voor ons is om te geloven dat het niet altijd zo was. Tegenwoordig denkt bijna iedereen zowel aan chronische ziekte als aan klimaat - een van de feiten van het leven - en is blij omdat, vergeleken met het klimaat, ziekte op zijn minst ontvankelijker is voor interventies door de moderne geneeskunde. We beschouwen ze meer in strikt medische termen dan in historische en veel minder evolutionaire termen. Maar in de decennia voor de Tweede Wereldoorlog, toen de industrialisatie van zoveel aspecten van ons leven nog vrij recent was, leek de prijs van 'vooruitgang', vooral voor onze gezondheid, voor veel mensen meer voor de hand liggend en daarom meer twijfelachtig.

Een van de meest onverschrokken vragenstellers van de vooroorlogse periode was Weston A. Price, een in Canada geboren tandarts, die in beslag werd genomen door een van die voor de hand liggende vragen die we niet eens meer zien. Net als hartaandoeningen maken chronische gebitsproblemen nu deel uit van het moderne leven. Maar als je erover nadenkt, is het raar dat iedereen een tandarts nodig heeft en dat zoveel mensen een beugel, wortelkanaalbehandelingen, het trekken van verstandskiezen en alle andere routineprocedures van modern mondonderhoud nodig hebben. Is de noodzaak van zoveel reparatiewerk aan een deel van het lichaam dat cruciaal betrokken is bij een activiteit die zo cruciaal is voor ons voortbestaan als eten, een weerspiegeling van een defect in de planning in het menselijk lichaam, een soort onvoorzichtigheid van natuurlijke selectie? Het lijkt onwaarschijnlijk. Weston Prijs, Modern. (Het was niet de enige: in de jaren dertig was er in medische kringen een verhit debat over de vraag of hygiëne of voeding de sleutel was tot het begrijpen en behandelen van gaatjes. Een publiek debat over precies dit onderwerp in Manhattan in 1934, Het feit dat hygiëne uiteindelijk won, had het debat evenveel te maken met de behoeften van de tandheelkunde als met die van goede wetenschap; het probleem van persoonlijke hygiëne was gemakkelijker op te lossen en veel winstgevender dan dat van het dieet en het hele voedselsysteem.)

In de jaren dertig sloot Price zijn tandartspraktijk zodat hij zich met hart en ziel kon wijden aan het oplossen van het mysterie van het westerse dieet. Hij ging op zoek naar wat hij controlegroepen noemde: geïsoleerde populaties die nog geen contact hadden gehad met modern voedsel. Hij vond ze in de bergen van Zwitserland en Peru, in de vlakten van Afrika, in de wouden van Australië, op de eilanden van de Buiten-Hebriden, in de Florida Everglades, aan de kust van Alaska, op de eilanden van Melanesië, in de Straat Torres en in de oerwouden van onder meer Nieuw-Guinea en Nieuw-Zeeland. Price deed enkele opmerkelijke ontdekkingen,

Maar toch, de gegevens die hij zorgvuldig verzamelde van zijn groepen van

controle en de verbanden die hij wist te leggen, niet alleen tussen voeding en gezondheid, maar ook tussen de manier waarop mensen voedsel produceren en de voedingskwaliteit ervan zijn vandaag de dag nog steeds kostbaar. Zijn onderzoek is tegenwoordig zelfs nog waardevoller dan het was in 1939, omdat de meeste groepen die hij bestudeerde allang verdwenen zijn of meer westerse manieren van eten hebben overgenomen. Als je het westerse dieet vandaag wilt bestuderen, zijn er maar weinig controlegroepen. (Je kunt ze natuurlijk grootbrengen, zoals Kerin O'Dea deed in Australië.) Het werk van Price wijst ook de weg naar een proto-ecologisch begrip van voedsel dat nuttig zal zijn bij het proberen te ontsnappen aan de valkuilen van voedingsleer.

Dus wat ontdekte Price? Ten eerste dat geïsoleerde populaties met een grote verscheidenheid aan traditionele diëten geen tandarts nodig hebben. (Nou, ze hebben het nauwelijks nodig: de "dikke bergmannen" van Zwitserland die nog nooit een tandenborstel hebben gezien, hadden tanden die bedekt waren met een groene substantie - maar daaronder vond Price perfecte tanden met vrijwel geen verval.) Waar hij ook een primitief ras vond, ook al vond hij de "voedselvervangers van de moderne handel" nog niet had gezien – die voor hem geraffineerd meel, suiker, ingeblikt voedsel en voedsel geconserveerd met chemicaliën en plantaardige oliën waren – vond hij geen of bijna geen bewijs van "moderne degeneratie" – wat voor hem chronische ziekten, gaatjes en misvormingen van de tandboog.

Waar hij ook ging, Price fotografeerde tanden en verzamelde voedselmonsters die hij naar Cleveland stuurde om macronutriënten en vitamines te analyseren. Hij ontdekte dat hun inheemse bevolking een dieet at dat aanzienlijk rijker was aan vitamine A en D dan moderne Amerikanen - gemiddeld tien keer meer. Dit was gedeeltelijk te wijten aan het feit dat, zoals al in de jaren dertig werd begrepen, voedselverwerking hen normaal gesproken berooft van voedingsstoffen, vooral vitamines. Magazijnvoedsel is voedsel dat is ontworpen om over lange afstanden te worden bewaard en vervoerd, en de zekerste manier om voedsel stabieler en minder kwetsbaar voor ongedierte te maken, is door het te ontdoen van voedingsstoffen. Over het algemeen is het veel gemakkelijker om calorieën te transporteren - in de vorm van geraffineerde granen of suiker - dan voedingsstoffen, die kunnen verslechteren of de aandacht kunnen trekken van bacteriën, insecten en knaagdieren, die allemaal erg geïnteresseerd zijn in voedingsstoffen. (Blijkbaar meer dan wij.) Price kwam tot de conclusie dat de moderne beschaving veel van de kwaliteit van haar voedsel had opgeofferd voor kwantiteit en houdbaarheid.

Price identificeerde geen enkel ideaal dieet - hij vond populaties die:

ze leefden van diëten van zeevruchten, zuivelproducten, vlees en andere waarin fruit, groenten en granen de boventoon voerden. De Masai in Afrika aten praktisch geen voedsel van plantaardige oorsprong, dat leefde van vlees, bloed en melk. Zeevarende groepen in de Hebriden consumeerden geen zuivelproducten en leefden van een dieet dat voornamelijk bestond uit zeevruchten en haver in de vorm van pap en gebak. De Eskimo's die hij interviewde, leefden van rauwe vis, bushmeat, viseieren en walvisolie en aten zelden iets dat ook maar enigszins groen was. In de Nijlvallei bij Ethiopië vond Price bevolkingsgroepen die hij als de gezondste van allemaal beschouwde: stammen die leefden van de melk, het vlees en het bloed van gedomesticeerd vee, maar ook dieren van de rivier de Nijl. Price ontdekte dat groepen die een dieet met wild vlees aten, over het algemeen gezonder waren dan boeren die afhankelijk waren van granen en ander plantaardig voedsel; boeren hadden meestal een iets hogere incidentie van gaatjes (hoewel nog steeds laag volgens onze normen). Price merkte op dat veel van de mensen die hij bezocht vooral dol waren op de kinderen, bij wie hij hoge niveaus van in vet oplosbare vitamines, mineralen en 'activator X' aantrof, een term van zijn uitvinding die waarschijnlijk vitamine K2 is. Bijna overal waar hij ging, zag hij hoeveel mensen zeevruchten waardeerden, en merkte op dat zelfs de bergbewoners veel moeite deden om het te verkrijgen, door hun producten te verhandelen voor gedroogde reeën en dergelijke met kuststammen. Maar de gemeenschappelijke noemer van een goede gezondheid, concludeerde hij, was het consumeren van een traditioneel dieet bestaande uit vers plantaardig en dierlijk voedsel, gekweekt en gekweekt in bodems die zelf rijk waren aan voedingsstoffen.

Prijs besteedde speciale aandacht aan de kwaliteit van voedsel van dierlijke oorsprong en de
het koppelen van deze producten aan diervoeder. Hij vergeleek het

vitaminegehalte van boter, geproduceerd door koeien die graasden op lentegras, met dat van dieren die zich voedden met wintervoer; niet alleen waren de niveaus van vitamine A en D veel hoger in de meer gele boter van de grasgevoerde dieren, de mensen die deze dieren voerden waren gezonder. Price dacht dat de bodemkwaliteit van cruciaal belang was voor de gezondheid, en in 1932 publiceerde hij een paper getiteld "New View on Some Relationships Between Soil Mineral Deficiënties, Vitamin-Deficient Foods, and Certain degeneratieve ziekten."

Door deze verbanden te leggen tussen de kwaliteit van bodem en gras en de gezondheid van menselijke consumenten aan de top van de voedselketen, bekritiseerde Price de geïndustrialiseerde landbouw die in de jaren dertig begon te ontstaan. Daarin stond hij niet alleen: min of meer tegelijkertijd betoogde de Engelse agronoom Sir Albert Howard, de filosofische vader van de biologische landbouwbeweging, ook dat de industrialisatie van de landbouw – in het bijzonder de introductie van synthetische stikstofmeststoffen , die de bodemchemie vereenvoudigde, zou uiteindelijk zijn stempel op onze gezondheid drukken. Howard stond erop dat we 'het hele probleem van gezondheid in bodem, planten, dieren en de mens als één groot onderwerp beschouwen'. Toen Howard dat verzoek deed, was het nog steeds niet veel meer dan een werkhypothese.

Price bewoog zich langzaam naar een ecologisch begrip van voeding en gezondheid die zijn tijd ver vooruit was. Hij begreep dat uiteindelijk. In dit geval verbond voedsel ons met de aarde en haar elementen, evenals met de energie van de zon. "Het eten dat we gisteren aten", zei hij in een lezing in 1928, "maakte nog maar een paar maanden geleden deel uit van de zon." Bewerkte voedingsmiddelen verbergen en verzwakken deze verbindingen. Door de voedselketen te verlengen, zodat we grote steden van verre bodems konden voeden, overtraden we de 'natuurregels' minstens twee keer: voedingsstoffen stelen van de bodem waar voedsel werd verbouwd en die voedingsstoffen verspillen bij het verwerken van het voedsel. Vergeleken met de inheemse volkeren die Price bestudeerde, van wie velen zich tot het uiterste inspanden om voedingsstoffen terug te brengen naar de lokale bodem waarvan ze volledig afhankelijk waren, "geeft onze moderne beschaving heel weinig terug van wat nodig is. Enorme vloten zijn druk bezig met het transporteren van eindige mineralen van afgelegen districten naar verre markten." Renner documenteert hoe Price de kwestie van voeding en gezondheid ging zien als een probleem van ecologische disfunctie. Door de banden met bodem, voedsel en lokale mensen te verbreken, heeft het industriële voedselsysteem de circulaire stroom van voedingsstoffen door de voedselketen verstoord. Wat de voordelen ook zijn, het nieuwe industriële systeem kan niet langer voldoen aan de biochemische vereisten van het menselijk lichaam, dat zonder tijd om zich aan te passen op nieuwe manieren faalde. het industriële voedselsysteem heeft de circulaire stroom van nutriënten door de voedselketen verstoord. Wat de voordelen ook zijn, het nieuwe industriële systeem kan niet langer voldoen aan de biochemische vereisten van het menselijk lichaam, dat zonder tijd om zich aan te passen op nieuwe manieren faalde. het industriële voedselsysteem heeft de circulaire stroom van nutriënten door de voedselketen verstoord. Wat de voordelen ook zijn, het nieuwe industriële systeem kan niet langer voldoen aan de biochemische vereisten van het menselijk lichaam, dat zonder tijd om zich aan te passen op nieuwe manieren faalde.

Of je nu wel of niet zo ver wilt gaan met dr. Prijs, hij en alle anderen

verkende het pre-westerse dieet aan het begin van de 20e eeuw keerde terug naar de beschaving met hetzelfde eenvoudige en verwoestende nieuws, dat moeilijk te betwisten lijkt: het menselijke dier is aangepast aan een buitengewone reeks verschillende diëten waarmee het in staat lijkt te genieten van goede gezondheid, maar het westerse dieet, hoe je het ook definieert, lijkt daar niet een van te zijn.

Zoals we hebben gezien, zou de ecologische kritiek op de industriële beschaving die Weston Price in de jaren dertig naar voren bracht, de Tweede Wereldoorlog niet overleven. De ruimte voor dit soort geschriften - ook bezet door Sir Howard en Lord Northbourne in Engeland en door leden van de Amerikaanse agrarische beweging - raakte op kort nadat Price in 1939 Nutrition and Physical Degeneration publiceerde. Mensen zouden snel hun geduld verliezen met aanvallen op "industriële beschaving", precies van wie ze afhankelijk waren om hen te redden in oorlogstijd. Toen de oorlog eindigde, had die industriële beschaving haar positie geconsolideerd en was ze daardoor veel zelfverzekerder geworden. In de vroege naoorlogse jaren industriële landbouw (die profiteerde van de omzetting in vredestijd van explosieven in meststoffen en oorlogsgassen in pesticiden) consolideerde ook haar positie. Binnenkort zou er geen andere meer zijn. Weston Price en zijn collega's die westerse ziekten bestudeerden, werden grotendeels vergeten. Niemand was erg geïnteresseerd door terug te kijken of de wijsheid te vieren van primitieve groepen die snel verdwenen of geassimileerd werden, zelfs de aboriginals trokken naar de stad.

Westerse ziekten waren niet verdwenen - inderdaad, het aantal hartziekten explodeerde kort na de oorlog - maar toen werden ze de verantwoordelijkheid van de moderne geneeskunde en de reductionistische wetenschap. Nutritionisme is de geaccepteerde reeks termen geworden om over voeding en gezondheid te praten. Pas eind jaren zestig, met de opkomst van de biologische landbouw, kwamen deze vragen over de industriële voedselketen terug.

Hoofdstuk nr. 13

De industrialisatie van voedsel:

Ik heb veel gesproken over de bijna vergeten ideeën van mensen als Weston Price en Sir Albert Howard - ecologische denkers van...
de menselijke voedselketen - omdat ze ons wijzen op een pad dat kan leiden tot een uitweg uit de nauwe en uiteindelijk

ineffectieve grenzen van voedingsleer: een manier om over voedsel strikt na te denken in termen van de chemische bestanddelen ervan. Wat we nu nodig hebben, lijkt mij, is om een bredere, meer ecologische - en meer culturele - kijk op voedsel te creëren. Dus laten we het proberen.

Wat zou er gebeuren als we voedsel minder als een object en meer als een relatie zouden gaan zien? In de natuur is dat precies wat voedsel altijd is geweest: relaties tussen soorten en systemen die we voedselketens of voedselwebben noemen, die tot op de grond reiken. Soorten evolueren samen met andere soorten die ze eten, en heel vaak ontwikkelt zich daar een onderling afhankelijke relatie: ik voed je als je mijn genen verspreidt. Een geleidelijk proces van wederzijdse aanpassing verandert zoiets als een appel of een pompoen in een voedzaam en smakelijk voer voor een dier. Na verloop van tijd en met vallen en opstaan, wordt de plant smakelijker (en vaak opzichtiger) om aan de behoeften en wensen van het dier te voldoen, terwijl het dier geleidelijk de spijsverteringshulpmiddelen verwerft die het nodig heeft (enzymen,

Evenzo was koemelk aanvankelijk geen voedzaam voedsel voor mensen; in feite deed het hen pijn. Dus degenen die omringd waren door koeien, ontwikkelden het vermogen om als volwassenen melk te verteren. Het gen voor het produceren van een melkverterend enzym, lactase genaamd, werd bij mensen kort na het spenen uitgeschakeld tot ongeveer 5.000 jaar geleden, toen een mutatie die het actief hield verscheen en zich snel verspreidde door een populatie van herders. in Noord-Centraal Europa. Omdat? Omdat degenen die de nieuwe mutatie hadden toegang hadden tot een uitzonderlijk voedzame voedselbron en dus in staat waren meer kinderen te krijgen dan degenen die dat niet hadden. Deze opmars bleek zeer voordelig voor melkdrinkers en koeien,

Gezondheid is onder andere de vrucht van zulke relaties in een voedselketen - relaties die veel zijn in het geval van een allesetend wezen als de mens. Daarom, wanneer de gezondheid van een deel van de voedselketen wordt verstoord, kunnen alle andere wezens in die keten worden aangetast. Als de grond op de een of andere manier ziek of gebrekkig is, zullen het gras dat erop groeit en het vee dat zich met het gras voedt en de mensen die de melk van koeien drinken dat ook zijn. Dit is precies wat Weston Price en Sir Howard in gedachten hadden toen ze probeerden de schijnbaar verre gebieden van bodem en menselijke gezondheid met elkaar te verbinden. Onze gezondheid kan niet los worden gezien van de gezondheid van het hele voedselweb.

In veel gevallen leidt de lange bekendheid tussen voedsel en de mensen die het eten tot de ontwikkeling van communicatiesystemen door de voedselketen, waardoor de zintuigen van een wezen voedsel gaan herkennen als geschikt voor smaak, geur en kleur. . Vaak worden deze signalen "verzonden" door het voedsel zelf, dat zijn eigen redenen kan hebben om gegeten te willen worden. Het rijpen van de vrucht wordt gesignaleerd door een karakteristieke geur (een aantrekkelijke geur die zich over lange afstanden kan verspreiden), een kleur (die zich onderscheidt van het algemene groen) of een smaak (typisch zoet). Rijping, het moment waarop de zaden van de plant klaar zijn om te verspreiden en te ontkiemen, valt samen met de hoogste concentratie aan voedingsstoffen in een vrucht, zodat de belangen van de plant (te vervoeren) overeenkomen met die van de persoon die de plant eet (te voeden). Ons lichaam, dat deze signalen heeft ontvangen en heeft vastgesteld dat deze vrucht goed is om te eten, produceert van tevoren precies de enzymen en zuren die nodig zijn om het af te breken. Gezondheid hangt sterk af van het weten hoe je deze biologische signalen moet lezen: Dit ziet er volwassen uit; het ruikt rot; die koe ziet er goed uit. Het is veel gemakkelijker om deze tekens op te merken als je een lange ervaring met een voedingsmiddel hebt gehad, en veel moeilijker wanneer het voedsel uitdrukkelijk is ontworpen om onze zintuigen te misleiden met bijvoorbeeld kunstmatige smaakstoffen of synthetische zoetstoffen. Voedingsmiddelen die tegen onze zintuigen liegen, zijn een van de meest intrigerende kenmerken van het westerse dieet. nadat hij deze signalen heeft ontvangen en heeft vastgesteld dat deze vrucht goed te eten is, produceert hij van tevoren precies de enzymen en zuren die nodig zijn om het af te breken. Gezondheid hangt sterk af van het weten hoe je deze biologische signalen moet lezen: Dit ziet er volwassen uit; het ruikt rot; die koe ziet er goed uit. Het is veel gemakkelijker om deze tekens op te merken als je een lange ervaring met een voedingsmiddel hebt gehad, en veel moeilijker wanneer het voedsel uitdrukkelijk is ontworpen om onze zintuigen te misleiden met bijvoorbeeld kunstmatige smaakstoffen of synthetische zoetstoffen. Voedingsmiddelen die tegen onze zintuigen liegen, zijn een van de meest intrigerende kenmerken van het westerse dieet. nadat hij deze signalen heeft ontvangen en heeft vastgesteld dat deze vrucht goed te eten is, produceert hij van tevoren precies de enzymen en zuren die nodig zijn om het af te breken. Gezondheid hangt sterk af van het weten hoe je deze biologische signalen moet lezen: Dit ziet er volwassen uit; het ruikt rot; die koe ziet er goed uit. Het is veel gemakkelijker om deze tekens op te merken als je een lange ervaring met een voedingsmiddel hebt gehad, en veel moeilijker wanneer het voedsel uitdrukkelijk is ontworpen om onze zintuigen te misleiden met bijvoorbeeld kunstmatige smaakstoffen of synthetische zoetstoffen. Voedingsmiddelen die tegen onze zintuigen liegen, zijn een van de meest intrigerende kenmerken van het westerse dieet. Gezondheid hangt sterk af van het weten hoe je deze biologische signalen moet lezen: Dit ziet er volwassen uit; het ruikt rot; die koe ziet er goed uit. Het is veel gemakkelijker om deze tekens op te merken als je een lange ervaring met een voedingsmiddel hebt gehad, en veel moeilijker wanneer het voedsel uitdrukkelijk is ontworpen om onze zintuigen te misleiden met bijvoorbeeld kunstmatige smaakstoffen of synthetische zoetstoffen. Voedingsmiddelen die tegen onze zintuigen liegen, zijn een van de meest intrigerende kenmerken van het westerse dieet. Gezondheid hangt sterk af van het weten hoe je deze biologische signalen moet lezen: Dit ziet er volwassen uit; het ruikt rot; die koe ziet er goed uit. Het is veel gemakkelijker om deze tekens op te merken als je een lange ervaring met een voedingsmiddel hebt gehad, en veel moeilijker wanneer het voedsel uitdrukkelijk is ontworpen om onze zintuigen te misleiden met bijvoorbeeld kunstmatige smaakstoffen of synthetische zoetstoffen. Voedingsmiddelen die tegen onze zintuigen liegen, zijn een van de meest intrigerende kenmerken van het westerse dieet. kunstmatige smaakstoffen of synthetische zoetstoffen. Voedingsmiddelen die tegen onze zintuigen liegen, zijn een van de meest intrigerende kenmerken van het westerse dieet. kunstmatige smaakstoffen of synthetische zoetstoffen. Voedingsmiddelen die tegen onze zintuigen liegen, zijn een van de meest intrigerende kenmerken van het westerse dieet.

Merk op dat deze ecologische relaties plaatsvinden, althans in de eerste bijvoorbeeld tussen de wezens die eten en het voedsel in natura, en niet tussen nutriënten of chemische stoffen. Hoewel de voedingsmiddelen in kwestie uiteindelijk in ons lichaam worden omgezet in eenvoudige chemische verbindingen, net zoals maïs voornamelijk wordt gereduceerd tot eenvoudige suikers, zijn de kenmerken van in natura-voedingsmiddelen nog steeds belangrijk. De hoeveelheid en structuur van vezels in deze maïs, bijvoorbeeld, zal aspecten bepalen zoals de snelheid waarmee de aanwezige suikers worden vrijgegeven en opgenomen, iets waarvan we hebben geleerd dat het fundamenteel is voor het insulinemetabolisme. De chemicus zal u vertellen dat het zetmeel in maïs op het punt staat glucose in het bloed te worden, maar deze reductionistische verklaring negeert het complexe en variabele proces waardoor dit gebeurt. In tegenstelling tot het voedingsetiket worden niet alle koolhydraten gelijk geproduceerd.

Met andere woorden, ons lichaam heeft een langdurige , duurzame relatie met maïs, maar niet met fructose-glucosestroop. Dat

Als we door deze ecologische lens naar

voedsel en voeding kijken, ontstaat er een nieuw perspectief op wat het westerse dieet is: een reeks radicale en, althans in ecologische termen, abrupte veranderingen in de afgelopen 150 jaar, niet alleen in ons voedsel maar ook in onze voedselrelaties, van de bodem tot de maaltijd. De opkomst van de voedingskundige ideologie maakt deel uit van deze verschuiving. Als we denken aan de 'omgeving' van een soort, denken we meestal in termen van elementen als geografie, roofdieren en prooien en klimaat. Maar de meest kritische elementen van de omgeving van elk schepsel zijn natuurlijk de aard van het voedsel dat beschikbaar is en de relatie met de soort die het eet. Er staat veel op het spel als de voedselomgeving van een wezen verandert. Voor ons vond de eerste grote verandering 10.000 jaar geleden plaats, met de komst van de landbouw. (En het heeft onze gezondheid verwoest, waardoor een groot aantal handicaps en besmettelijke ziekten zijn ontstaan die we pas de laatste eeuw of zo onder controle hebben kunnen houden.) De grootste verandering in onze voedselomgeving sinds die tijd? De komst van het moderne dieet.

Om de aard van deze veranderingen beter te kennen, moet je beginnen te begrijpen hoe

we kunnen onze relatie met voedsel veranderen - ten goede, voor onze gezondheid. Deze veranderingen zijn talrijk en ingrijpend geweest, maar denk om te beginnen eens aan de volgende vijf fundamentele transformaties van ons voedsel en onze manier van eten. Alles kan worden omgekeerd, zo niet heel gemakkelijk in het voedselsysteem als geheel, zeker in het leven en dieet van elk wezen dat eet, en ik haast me eraan toe te voegen, zonder terug te keren naar het bos of de adoptie van jagen of verzamelen.

Hoofdstuk nr. 1 4

Van hele voedingsmiddelen tot geraffineerd

Het geval van maïs wijst op een van de fundamentele elementen van het moderne dieet: een verschuiving naar steeds geraffineerder voedsel, vooral koolhydraten. Graankorrels zijn geraffineerd sinds ten minste de industriële revolutie, en witte bloem en rijst hebben de voorkeur boven donkere, zelfs ten koste van veel voedingsstoffen. Voor een deel was dit te danken aan prestige: aangezien gedurende vele jaren alleen de rijken het zich konden veroorloven om geraffineerde granen te kopen, kregen deze granen een zekere fascinatie. Het raffineren van de bonen verlengt hun houdbaarheid (juist omdat ze minder voedzaam zijn voor plagen die met ons concurreren om hun calorieën) en maakt ze beter verteerbaar door de vezels te verwijderen die normaal de afgifte van hun suikers vertragen. En hoe fijner het meel wordt gemalen, hoe groter het gebied dat wordt blootgesteld aan spijsverteringsenzymen, dus hoe sneller het zetmeel wordt omgezet in glucose. Veel van de verwerkte voedingsmiddelen van vandaag kunnen worden gezien als een uitbreiding en intensivering van deze praktijk, aangezien voedselverwerkers manieren vinden om glucose - de favoriete brandstof van de hersenen - sneller en efficiënter vrij te maken. Soms is dit precies het punt, zoals wanneer maïs wordt geraffineerd en tot glucosestroop wordt verwerkt; op andere momenten is het echter een ongelukkig gevolg van het verwerken van voedsel om andere redenen. Veel van de verwerkte voedingsmiddelen van vandaag kunnen worden gezien als een uitbreiding en intensivering van deze praktijk, aangezien voedselverwerkers manieren vinden om glucose - de favoriete brandstof van de hersenen - sneller en efficiënter vrij te maken. Soms is dit precies het punt, zoals wanneer maïs wordt geraffineerd en tot glucosestroop wordt verwerkt; op andere momenten is het echter een ongelukkig gevolg van het verwerken van voedsel om andere redenen. Veel van de verwerkte voedingsmiddelen van vandaag kunnen worden gezien als een uitbreiding en intensivering van deze praktijk, aangezien voedselverwerkers manieren vinden om glucose - de favoriete brandstof van de hersenen - sneller en efficiënter vrij te maken. Soms is dit precies het punt, zoals wanneer maïs wordt geraffineerd en tot glucosestroop wordt verwerkt; op andere momenten is het echter een ongelukkig gevolg van het verwerken van voedsel om andere redenen.

Vanuit dit oogpunt is de geschiedenis van de raffinage van natura-voedsel de manieren ontdekken om ze niet alleen duurzamer en vervoerbaarder te maken, maar ook om hun energie te concentreren en, in zekere zin, ze te versnellen. Deze versnelling maakte een grote sprong voorwaarts met de introductie in Europa, rond 1870, van brekers (van ijzer, staal of porselein) voor het malen van graan. Misschien meer dan enige andere vooruitgang, markeerde deze nieuwe technologie, die in 1880 de steenmolen in Europa en Amerika had vervangen, het begin van de industrialisatie van ons voedsel - het reduceerde het tot zijn chemische essentie en versnelde de absorptie ervan. Geraffineerde bloem is het eerste fastfood.

Vóór de maalrevolutie door walserijen werd tarwe vermalen tussen stenen wielen, die het meel slechts tot op zekere hoogte wit konden maken. Dus hoewel ze de zemelen uit de tarwekorrel verwijderden (en dus de meeste vezels), konden de molenstenen de kiem, of het embryo, dat voedingsrijke oliën bevat, niet verwijderen. De slijpstenen verpletterden eenvoudig de kiem en lieten de olie vrij. Als gevolg hiervan was het meel geelgrijs (geel is caroteen) en minder houdbaar, omdat de olie, eenmaal blootgesteld aan lucht, snel oxideerde en ranzig werd. Dat is wat mensen konden zien en ruiken, en ze vonden het niet leuk. Wat hun zintuigen hen echter niet konden vertellen, was dat de kiem de bloem enkele van zijn meest waardevolle voedingsstoffen gaf, waaronder bijna alle eiwitten, foliumzuur en andere B-vitamines; carotenen en andere antioxidanten; en omega-3-vetzuren, die bijzonder snel ranzig worden. De komst van walserijen die het mogelijk maakten om de kiem te verwijderen en vervolgens het resterende endosperm (de grote massa zetmeel en eiwit in een zaadje) fijn te malen, loste de stabiliteit op en kleurprobleem. Nu kon bijna iedereen sneeuwwit meel kopen dat vele maanden op een plank kon blijven staan. Steden hoefden niet langer een eigen molen te hebben, omdat meel nu lange afstanden kon afleggen. (En het kan het hele jaar door worden gemalen door grote bedrijven in grote steden: de zware molenstenen, die normaal afhankelijk waren van de kracht van water, werkten meestal wanneer en waar rivieren stroomden; stoommachines konden de nieuwe walserijen bij elk weer en overal laten draaien .) Zo is een van de belangrijkste voedingsmiddelen van het westerse dieet bevrijd van de ketenen van tijd en plaats en op de markt gebracht op basis van imago in plaats van op voedingswaarde. Op dit moment was witte bloem een modern industrieel voedsel, een van de eersten.

Het probleem was dat dit oogverblindende witte poeder qua voedingswaarde nutteloos was, of bijna zo. Hetzelfde gold voor maïsmeel en witte rijst, waarvan het polijsten (dat wil zeggen, het verwijderen van hun voedzame delen) ongeveer tegelijkertijd werd geperfectioneerd. Waar het gebruik van deze technologieën wijdverbreid werd, volgden al snel verwoestende epidemieën van pellagra en beriberi. Beide zijn ziekten die worden veroorzaakt door tekortkomingen in de B-vitamines die de kiem aan het dieet heeft toegevoegd. Maar de plotselinge afwezigheid in brood van verschillende andere micronutriënten, evenals omega-3-vetzuren, heeft waarschijnlijk ook zijn stempel gedrukt op de volksgezondheid, vooral onder de armen in Europese steden, van wie velen weinig anders dan brood aten.

In de jaren dertig, met de ontdekking van vitamines, begrepen wetenschappers wat er was gebeurd en begonnen molenaars granen te verrijken met B-vitamines. Dit loste de meest voor de hand liggende deficiëntieziekten op. Meer recentelijk erkenden wetenschappers dat velen van ons ook een tekort hadden aan foliumzuur in de voeding, en in 1996 gaven Amerikaanse volksgezondheidsfunctionarissen molenaars de opdracht om ook foliumzuur aan meel toe te voegen. Maar de wetenschap zou wat meer tijd nodig hebben om te beseffen dat deze suppletiestrategie voor 'Wonderbrood', zoals een voedingsdeskundige het noemde, misschien niet alle problemen oplost die worden veroorzaakt door het raffineren van het graan. Deficiëntieziekten zijn veel gemakkelijker op te sporen en te behandelen dan chronische ziekten (in feite

Het verhaal van geraffineerde granen presenteert zich als een parabel over de grenzen

van reductionistische wetenschap wanneer toegepast op zoiets complexs als voedsel. Voedingsdeskundigen weten al jaren dat een dieet dat rijk is aan volle granen vermindert. Voor de studie hebben epidemiologen David R. Jacobs en Lyn M. Steffen van de Universiteit van Minnesota relevant onderzoek beoordeeld en sterke aanwijzingen gevonden dat een dieet rijk aan volle granen alle - overlijden veroorzaken. Maar het verrassende was dat zelfs na correctie voor voedingsvezels, vitamine E, foliumzuur, fytinezuur, ijzer, zink, magnesium en mangaan in het dieet (alle goede dingen waarvan we weten dat volle granen bevatten), ze ontdekten dat de consumptie van volle granen hadden een extra gezondheidsvoordeel dat geen van de voedingsstoffen alleen of samen kon verklaren. Dat wil zeggen, patiënten die dezelfde hoeveelheid van deze voedingsstoffen uit andere bronnen kregen, waren niet zo gezond als degenen die volle granen aten. "Deze analyse suggereert dat iets anders in de volkoren ons beschermt tegen de dood. De auteurs concludeerden, enigszins vaag maar suggestief, dat "de verschillende granen en hun onderdelen synergetisch werken", en suggereerden dat collega's aandacht zouden gaan besteden aan het concept van "voedselsynergie". Hier is dan de verdediging van een revolutionair idee volgens de normen van voedingsleer: een heel voedsel kan meer zijn dan de som van zijn voedingsstoffen.

Het spreekt voor zich dat dit voorstel niet enthousiast werd aanvaard door de voedingsindustrie, en zal dat waarschijnlijk ook nooit worden. Op dit moment introduceert Coca-Cola vitamine-frisdranken, waarmee de Wonder Bread-strategie wordt uitgebreid van suppletie naar junkfood in zijn puurste vorm. (Soda Maravilha?) Het grote kapitaal heeft altijd geïnvesteerd in voedselverwerking, niet in de verkoop ervan in de natuur, en de investering van de industrie in een reductionistische benadering van voedsel is waarschijnlijk veilig. Het feit is dat er een deel van ons is dat dol is op geraffineerde koolhydraten, en dat zijn de hersenen. Het menselijk brein dorst naar koolhydraten die zijn teruggebracht tot hun energie-essentie, namelijk pure glucose. Toen de industrie eenmaal wist hoe ze graszaden kon omzetten in het chemische equivalent van suiker, was er geen weg meer terug. Dan is er natuurlijk de suiker zelf, het belangrijkste geraffineerde koolhydraat, dat de markt en het menselijke metabolisme begon te overspoelen rond dezelfde tijd als geraffineerd meel. In 1874 schortte Engeland zijn tarieven op geïmporteerde suiker op, de prijs halveerde en tegen het einde van de 19e eeuw kwam ten minste een zesde van de calorieën in het Engelse dieet van suiker, terwijl een groot deel van de rest afkomstig was van geraffineerd meel.

Een van de belangrijkste veranderingen in het Amerikaanse dieet sinds 1909 (toen de USDA het begon te volgen) was de toename van het percentage calorieën uit suikers, van 13% naar 20%. Voeg daarbij het percentage calorieën uit koolhydraten (ongeveer 40%, of tien porties, waarvan negen geraffineerd) en Amerikanen consumeren een dieet dat in de een of andere vorm minstens voor de helft uit suiker bestaat - calorieën die praktisch niets opleveren maar energie. De energie-inhoud van deze geraffineerde koolhydraten bevordert op twee manieren obesitas. Ten eerste consumeren we veel meer calorieën per eenheid voedsel; de vezels die uit deze voedingsmiddelen zijn gehaald, zijn precies wat ons een vol gevoel zou geven en ons ervan zou weerhouden te eten.

Hoewel de algemene versnelling van het westerse dieet ons de

Onmiddellijke bevrediging van suiker, bij veel mensen - vooral degenen die onlangs aan dit product zijn blootgesteld - vernietigt de snelheid van de absorptie van dit voedsel het vermogen van insuline om het te verwerken, wat diabetes type 2 en alle andere chronische ziekten veroorzaakt die verband houden met het metabool syndroom. Zoals een voedingsdeskundige me vertelde: "We zitten midden in een nationaal experiment om onszelf te verdoven met glucose." En vergeet de fructosevloed niet, die een nog grotere evolutionaire nieuwigheid zou kunnen zijn, en daarom een grotere uitdaging voor het menselijke metabolisme, dan al die glucose.

Het is geen toeval dat het percentage diabetes type 2 lager is bij mensen. Dus hier is de eerste grote verschuiving in het westerse dieet die zou kunnen helpen verklaren waarom het voor sommige mensen zo slecht is: door de beproefde relaties met hele voedingsmiddelen die we' Het dieet is in de loop van vele duizenden jaren mee geëvolueerd en vraagt ons lichaam nu om zich te binden met een aantal efficiënt vrijgekomen voedingsstoffen die uit hun voedselcontext zijn gerukt, en ermee om te gaan. Onze eeuwenoude evolutionaire relatie met de zaden van grassen en de vruchten van planten maakte abrupt plaats voor een onstabiel huwelijk met glucose en fructose.

Hoofdstuk nr. 15

Van complexiteit naar eenvoud

Op elk niveau, van bodem tot bord, ging de industrialisatie van de voedselketen gepaard met een proces van chemische en biologische vereenvoudiging. Het begint met industriële meststoffen, die de biochemie van de bodem aanzienlijk vereenvoudigen. Als gevolg van Liebig's identificatie van de drie macronutriënten die planten nodig hebben om te groeien - stikstof, fosfor en kalium (NPK) - en Fritz Habers uitvinding van een methode voor het synthetiseren van stikstofmeststoffen uit fossiele brandstoffen, begonnen landbouwgronden grote doses van alle drie te krijgen. , maar verder weinig. Net als Liebig, wiens focus op macronutriënten in de menselijke voeding de belangrijke rol van micronutriënten zoals vitamines niet verklaarde, negeerde Haber biologische activiteit in de bodem: de bijdrage aan de gezondheid van planten van het complexe ondergrondse ecosysteem van microben, regenwormen en mycorrhizae. Sterke chemische meststoffen (en pesticiden) onderdrukken of vernietigen deze biologische activiteit, waardoor planten in wezen moeten leven van een eenvoudig rantsoen van NPK. Planten kunnen leven van dit fastfooddieet van chemicaliën, maar dit maakt ze kwetsbaarder voor plagen en ziekten en lijkt hun voedingskwaliteit te verminderen.

Het is duidelijk dat een chemisch vereenvoudigde bodem planten zou voortbrengen

chemisch vereenvoudigd. Sinds de wijdverbreide toepassing van chemische meststoffen in de jaren vijftig, is de voedingskwaliteit van producten in de Verenigde Staten aanzienlijk gedaald, volgens cijfers verzameld door de USDA, die sindsdien de voedingswaarde van verschillende landbouwproducten volgt. Sommige onderzoekers schrijven deze daling toe aan de toestand van de bodem; anderen noemen de trend van moderne plantenveredeling, die voortdurend industriële eigenschappen als productiviteit boven voedingskwaliteit verkiest. (De volgende

sectie gaat in op de wisselwerking tussen kwaliteit en kwantiteit in industriële voedingsmiddelen.)
De trend naar vereenvoudiging van ons voedsel zet zich door in de keten. Zoals we hebben gezien, ontneemt het verwerken van hele voedingsmiddelen - ze verfijnen, chemisch bewaren en inblikken - ze van veel voedingsstoffen, waarvan sommige vervolgens worden vervangen: B-vitamines in geraffineerde bloem, vitamines en mineralen in ontbijtgranen en brood. Het verrijken van bewerkte voedingsmiddelen met ontbrekende voedingsstoffen is zeker beter dan die voedingsstoffen weg te laten, maar de voedingswetenschap kan alleen de weinige voedingsstoffen vervangen die ze vandaag als belangrijk beschouwt. Wat wordt er genegeerd? Zoals de studie van de synergie van volkoren voedsel suggereert, weet de wetenschap niet genoeg om alles goed te maken wat de verwerking met hele voedingsmiddelen doet. We weten nu hoe we een graankorrel of een tarwekorrel moeten ontleden in zijn chemische elementen, maar we hebben geen idee hoe we ze opnieuw moeten

samenstellen. Complexiteit vernietigen is veel gemakkelijker dan het creëren.

Vereenvoudiging van de voedselketen vindt ook plaats op soortniveau. De verbazingwekkende verscheidenheid aan voedsel dat tegenwoordig in de supermarkt wordt aangeboden, logenstraft het feit dat het werkelijke aantal soorten in het moderne dieet afneemt. Duizenden planten- en diersoorten gingen de afgelopen eeuw failliet toen de industriële landbouw zijn aandacht richtte op een paar zeer productieve (en vaak gepatenteerde) rassen met eigenschappen die ze geschikt maakten voor procedures zoals mechanisch oogsten en verwerken. De helft van de broccoli die tegenwoordig commercieel in de Verenigde Staten wordt verbouwd, is van één enkele variëteit - Marathon - die bekend staat om zijn hoge opbrengsten. De overgrote meerderheid van de vleeskuikens in Amerika is dezelfde Cornish-hybride; meer dan 99% van de kalkoenen zijn "Broad-Brested Whites".

Met de opkomst van de industriële landbouw vervingen enorme monoculturen van een kleine groep planten, voornamelijk granen, de gediversifieerde boerderijen die ons voedden. Een eeuw geleden kweekte en kweekte een typische Iowa-boerderij meer dan tien verschillende soorten planten en dieren: runderen, kippen, maïs, varkens, appels, hooi, haver, aardappelen, kersen, tarwe, pruimen, druiven en peren. Nu teelt hij er nog maar twee: maïs en sojabonen. Deze vereenvoudiging van het agrarische landschap leidt tot de vereenvoudiging van het dieet, dat nu in verbazingwekkende mate wordt gedomineerd door - verrassend - maïs en sojabonen. Je denkt misschien niet dat je veel maïs en soja eet, maar dat is wel zo: 75% van de plantaardige oliën in je dieet is afkomstig van soja (goed voor 20% van je dagelijkse calorieën) en meer dan de helft van de zoetstoffen die je consumeert, komt van maïs (die ongeveer 10% van de calorieën per dag vertegenwoordigt).

Waarom maïs en soja? Omdat deze twee planten tot de meest efficiënte transformatoren van zonlicht en kunstmest behoren in koolhydraatenergie (in het geval van maïs) en in vet en eiwit (in het geval van sojabonen) — als u de meeste macronutriënten uit de landbouw wilt halen belt American, moet maïs en sojabonen planten. (En de overheid betaalt nog steeds boeren om maïs en sojabonen te planten, waardoor alle productie wordt gesubsidieerd.) Een groot deel van de maïs- en sojabonenoogst wordt uiteindelijk aan onze vleesdieren gevoerd (waardoor hun dieet nadelig wordt vereenvoudigd, zoals zal blijken), maar bijna al het andere gaat tot bewerkte voedingsmiddelen. Het economische model van de voedingsindustrie is georganiseerd rond "waarde toevoegen" aan goedkope grondstoffen; zijn genie was om uit te zoeken hoe deze twee belangrijke zaden in hun chemische componenten konden worden afgebroken en ze vervolgens opnieuw konden worden samengesteld tot een veelvoud aan verpakte voedselproducten. Hieruit volgt dat maïs vandaag de dag 554 calorieën per dag bijdraagt aan de Amerikaanse voedselvoorziening per hoofd van de bevolking en sojabonen 257. Voeg tarwe (768 calorieën) en rijst (91) toe en je kunt zien dat er niet veel ruimte in de maag is. van Amerikanen voor ander voedsel.

Vandaag zijn deze vier producten verantwoordelijk voor twee derde van de calorieën die

we eten. Als je bedenkt dat de mensheid in het verleden 80.000 eetbare soorten heeft geconsumeerd en dat 300 daarvan op grote schaal zijn gebruikt, vertegenwoordigt deze telling een radicale vereenvoudiging van het menselijke dieet. Waarom zou dit ons zorgen baren? Omdat mensen alleseters zijn en tussen de vijftig en honderd verschillende chemische verbindingen en elementen nodig hebben om gezond te zijn. Het is moeilijk te geloven dat we alles krijgen wat we nodig hebben uit een dieet dat in feite bestaat uit bewerkte maïs, soja, rijst en tarwe.

Hoofdstuk nr. 16

Van kwaliteit naar kwantiteit

Zoals eerder vermeld, tonen USDA-cijfers een daling van het nutriëntengehalte van 43 landbouwproducten die sinds de jaren vijftig in de Verenigde Staten zijn gevolgd. In een recente analyse daalde vitamine C met 20%, ijzer met 15%, riboflavine met 38%, calcium met 16%. Officiële cijfers uit Engeland vertellen een vergelijkbaar verhaal: sinds de jaren vijftig een daling van 10% of meer van ijzer, zink, calcium en selenium in een reeks agrarische voedingsproducten. Concreet gezegd, je moet nu drie appels eten om dezelfde hoeveelheid ijzer te krijgen als in 1940 met één appel, en je moet nog een aantal sneetjes brood eten om de aanbevolen dagelijkse hoeveelheid zink te krijgen die je zou hebben gehad een eeuw geleden. .
Voedingsinflatie lijkt twee hoofdoorzaken te hebben: veranderingen in
hoe we voedsel verbouwen en veranderingen in de soorten voedsel die

we verbouwen. Halweil haalt een aanzienlijke hoeveelheid onderzoek aan waaruit blijkt dat planten die met industriële meststoffen zijn gekweekt, vaak qua voedingswaarde inferieur zijn aan dezelfde variëteiten die biologisch worden gekweekt. Waarom dit zo is, is niet met zekerheid bekend, maar er zijn enkele hypothesen. Planten die met chemische meststoffen worden gekweekt, groeien sneller, waardoor ze minder tijd en gelegenheid hebben om voedingsstoffen op te stapelen die verder gaan dan de grote drie (voedingsstoffen waaraan industriële bodems sowieso een tekort hebben). En gemakkelijke toegang tot de belangrijkste voedingsstoffen betekent dat industriële planten kleinere, ondiepere wortelstelsels ontwikkelen dan biologisch geteelde; planten met diepe wortels hebben toegang tot meer mineralen uit de bodem. Biologische activiteit in de bodem is vrijwel zeker ook van belang; door de langzame afbraak van organisch materiaal komt een breed scala aan voedingsstoffen vrij voor de plant, mogelijk inclusief verbindingen waarvan de wetenschap nog niet heeft vastgesteld dat ze belangrijk zijn. Ook zal een biologisch actieve bodem meer microrhiza hebben, de schimmel die in symbiose met plantenwortels leeft en ze voorziet van minerale zouten in ruil voor een rantsoen suiker.

Naast deze hogere niveaus van mineralen, is gebleken dat planten Biologisch geteelde gewassen ook meer fytochemicaliën bevatten - de verschillende secundaire verbindingen (waaronder carotenoïden en polyfenolen) die groenten produceren om plagen en ziekten af te weren, waarvan vele belangrijke antioxidanten en anti-oxidanten bevatten. - inflammatoire effecten, onder andere gunstig voor de mens. Omdat ze niet worden besproeid met synthetische pesticiden, produceren planten van biologische boerderijen vaak 10% tot 50% meer van deze waardevolle secundaire verbindingen dan conventioneel geteelde planten.

Een combinatie van deze omgevingsfactoren verklaart waarschijnlijk in ieder geval een deel van de achteruitgang van de voedingskwaliteit van conventionele gewassen, maar genetica speelt een even belangrijke rol. Heel eenvoudig, we selecteren gewassen op productiviteit, niet op voedingskwaliteit, en als we voor het ene kiezen, is het onveranderlijk dat een ander wordt opgeofferd. Halweil citeert verschillende onderzoeken die het resultaat laten zien van het kweken van oudere planten naast moderne cultivars, waarbij oudere planten vaak lagere opbrengsten maar aanzienlijk hogere nutriëntenniveaus hebben. USDA-onderzoekers ontdekten onlangs dat kruisingen om tarwevariëteiten te "verbeteren" in de afgelopen 130 jaar (een periode waarin de graanopbrengst per hectare verdrievoudigd) het ijzergehalte met 18% en het zink- en seleniumgehalte met bijna een derde verlaagde. . Evenzo bevat de melk van de huidige Holstein-koeien (waarvan de dagelijkse opbrengsten meer dan verdrievoudigd zijn sinds de jaren 1950) aanzienlijk minder vet en andere voedingsstoffen dan oudere, minder 'verbeterde' rassen zoals Jersey, Guernsey en Brown Swiss.

Het is duidelijk dat de vooruitgang van de industriële landbouw een prijs had: men kan
produceren veel meer calorieën per hectare, maar elk van die calorieën is minder voedzaam dan voorheen. En wat er op de boerderij gebeurde, gebeurde in het voedselsysteem als geheel, aangezien de industrie dezelfde algemene strategie volgde om kwantiteit boven kwaliteit te promoten. Het duurt niet lang voordat je in een Amerikaanse supermarkt ontdekt dat dit een voedselsysteem is dat is georganiseerd rond het doel om zo goedkoop mogelijk grote hoeveelheden calorieën te verkopen.

Dit is inderdaad het officiële beleid van de Amerikaanse regering sinds het midden van de jaren zeventig, toen een plotselinge stijging van de voedselprijzen het protest van huisvrouwen de straat op deed lopen en de regering-Nixon ertoe aanzette een ambitieus beleid van goedkoop voedsel te voeren. . Het landbouwbeleid werd herschreven om boeren aan te moedigen gewassen zoals maïs, sojabonen en tarwe van hek tot hek te planten, en het werkte: sinds de jaren tachtig hebben Amerikaanse boeren gemiddeld zeshonderd calorieën meer per persoon per dag geproduceerd, de prijs van voedsel is gedaald , Portiegroottes zijn toegenomen en, zoals voorspeld, eten we veel meer, minstens driehonderd calorieën per dag, dan in 1985. Wat voor calorieën? Bijna een kwart van deze extra calorieën is afkomstig van suikers. Een dieet gebaseerd op kwantiteit in plaats van kwaliteit heeft een nieuw wezen op het wereldtoneel gebracht: de mens die zowel overvoed als ondervoed kan zijn, twee kenmerken die zelden in hetzelfde lichaam in de lange natuurlijke geschiedenis van onze soort. In de meeste traditionele diëten, wanneer de calorieën voldoende zijn, is de inname van voedingsstoffen meestal ook voldoende. Veel traditionele diëten zijn zelfs voedzaam en bevatten, in ieder geval vergeleken met de onze, weinig calorieën. Het westerse dieet heeft deze relatie ondermijnd. In een gezondheidskliniek in Oakland, Californië, melden artsen dat ze kinderen met overgewicht hebben gezien die lijden aan eeuwenoude handicaps zoals rachitis, die in de ontwikkelde wereld lang als een ziekte uit het verleden werden beschouwd. Maar als kinderen leven van fastfood,

Bruce Ames, een gerenommeerd biochemicus uit Berkeley, werkt met dit soort kinderen in het Children's Hospital and Research Center in Oakland. Hij is ervan overtuigd dat onze calorierijke, nutriëntenarme voeding verantwoordelijk is voor veel chronische ziekten, waaronder kanker. Ames ontdekte dat zelfs subtiele tekorten aan voedingsstoffen - ver onder de niveaus die nodig zijn om acute deficiëntieziekten te veroorzaken - DNA-schade kunnen veroorzaken die kanker kan veroorzaken. Hij bestudeerde gekweekte menselijke cellen en ontdekte dat "een tekort aan vitamine C, E, B12, B6, niacine, foliumzuur, ijzer of zink straling lijkt na te bootsen, wat enkelstrengs of dubbelstrengs DNA-breuken en oxidatieve schade veroorzaakt, of beide" -voorlopers van kanker. "Dit heeft ernstige gevolgen, aangezien de helft van de Amerikaanse bevolking mogelijk een tekort heeft aan ten minste één van deze micronutriënten." De meeste ontbrekende micronutriënten worden geleverd door groenten en fruit, de aanbevolen vijf dagelijkse porties waarvan slechts 20% van de Amerikaanse kinderen en 32% van de volwassenen eet. De cellulaire mechanismen die door Ames zijn geïdentificeerd, kunnen verklaren waarom diëten die rijk zijn aan groenten en fruit enige bescherming lijken te bieden tegen bepaalde soorten kanker.

Ames is ook van mening, hoewel hij het nog niet heeft bewezen, dat de tekortkomingen

van micronutriënten kan obesitas bevorderen. Zijn hypothese is dat een lichaam dat verstoken is van essentiële voedingsstoffen, zal blijven eten in de hoop deze binnen te krijgen. De afwezigheid van deze voedingsstoffen uit het dieet kan "het normale gevoel van verzadiging neutraliseren na het eten van voldoende calorieën", en deze onverzadigbare honger "kan een biologische strategie zijn om de ontbrekende voedingsstoffen binnen te krijgen." Als Ames gelijk heeft, heeft een voedselsysteem dat is georganiseerd rond kwantiteit in plaats van kwaliteit een vicieuze cirkel opgebouwd, zodat hoe meer voedsel van slechte kwaliteit wordt gegeten, hoe groter de drang om het te eten, in een zinloze achtervolging - maar zeer winstgevend - voor de ontbrekende voedingsstof.

Hoofdstuk nr. 17

Van bladeren tot zaden

Het is geen toeval dat de weinige planten waarvan we afhankelijk zijn geworden, graan produceren; deze planten zijn buitengewoon efficiënt in het omzetten van zonlicht, kunstmest, lucht en water in macronutriënten: koolhydraten, vetten en eiwitten. Deze macronutriënten kunnen op hun beurt winstgevend worden omgezet in allerlei soorten vlees, zuivel en bewerkte voedingsmiddelen. En het feit dat ze komen in de vorm van duurzame zaden die lange tijd kunnen worden bewaard, betekent dat ze zowel als handelswaar als voedsel kunnen dienen, waardoor deze gewassen bijzonder geschikt zijn voor de behoeften van het industriële kapitalisme. Alles wijst erop dat omega-3 vetzuren een rol spelen belangrijke rol in neurologische ontwikkeling en verwerking (de hoogste concentraties omega-3 vetzuren bij mensen worden gevonden in de weefsels van de hersenen en ogen), in de gezichtsscherpte (in lijn met hun rol in fotosynthese), in de doorlaatbaarheid van celwanden, in glucosemetabolisme en in de verzwakking van ontsteking. Omega-6's zijn betrokken bij het opslaan van vet (wat ze doen voor de plant), het verstijven van celwanden, stolling en het reageren op ontstekingen. We beschouwen omega-3 als snel en flexibel, omega-6 als robuust en langzaam. Omdat de twee vetzuren met elkaar wedijveren om ruimte in celmembranen en de aandacht van verschillende enzymen, kan de verhouding omega-3 tot omega-6 in de voeding en op zijn beurt in onze weefsels belangrijker zijn dan de absolute hoeveelheid van een van de vetten waar ze deel van uitmaken. Daarom kan een teveel aan omega-6 net zo problematisch zijn als een tekort aan omega-3.

En dat kan een probleem zijn voor iedereen die het westerse dieet eet. Doordat de basis van onze voeding is veranderd van bladeren naar zaden, is ook de verhouding van omega-6 tot omega-3 in ons lichaam veranderd. Hetzelfde geldt voor de meeste van onze voedseldieren, wiens gebruikelijke dieet van groene planten is vervangen door industriële landbouw met een rijker, op zaden gebaseerd dieet. Het resultaat was een scherpe daling van de hoeveelheid omega-3 in modern vlees, zuivel en eieren, en een toename van de hoeveelheid omega-6. Tegelijkertijd hebben moderne voedselproductiepraktijken de omega-3-zuren in onze voeding verder verminderd. Omega-3's, die minder stabiel zijn dan omega-6's, verslechteren sneller, dus de voedingsindustrie, die zich concentreerde op voedselopslag, was al vatbaar voor omega-3's voordat we zelfs maar wisten wat ze waren. (Omega-3 vetzuren werden pas in de jaren tachtig als essentieel voor het menselijke dieet erkend - enige tijd nadat de algemene vijandigheid van de voedingsleer jegens vet al was begonnen.) Jarenlang hadden plantenveredelaars onbewust planten geselecteerd om te produceren. minder omega-3 vetzuren, omdat ze niet zo snel verslechteren. (Wilde kruiden zoals postelein hebben hogere niveaus van omega-3 vetzuren dan de meeste gekweekte planten.) En wanneer voedselproducenten oliën gedeeltelijk hydrogeneren om ze stabieler te maken, zijn het de omega-3 vetzuren die worden geëlimineerd. Een directeur van Frito-Lay vertelde Susan Allport zonder te floreren dat omega-3 vetzuren vanwege hun neiging tot oxidatie "niet kunnen worden gebruikt in bewerkte voedingsmiddelen". om omega-3 vetzuren uit het dieet te duwen en omega-6 niveaus te verhogen. Naast het demoniseren van vetten in het algemeen, moedigde dit advies ons aan om dierlijke verzadigde vetten (waarvan sommige, zoals boter, eigenlijk respectabele hoeveelheden omega-3 vetzuren bevatten) te ruilen voor zaadoliën, waarvan de meeste veel vet bevatten. meer omega-6 (vooral maïsolie), zelfs meer na gedeeltelijke hydrogenering. De omschakeling van boter (vooral boter van weidekoeien) naar margarine, naast de introductie van transvetten in het dieet, verhoogde de omega-6-vetzuren aanzienlijk ten koste van de omega-3-vetzuren.

Dus zonder zelfs maar te beseffen wat we aan het doen waren, hebben we de verhouding van deze twee essentiële vetten in onze voeding en in ons lichaam drastisch veranderd, waardoor de omega-6 tot omega-3-verhouding in de typische Amerikaan vandaag meer dan tien op één is. Vóór de wijdverbreide introductie van zaadoliën aan het begin van de vorige eeuw, was de verhouding dichter bij drie op één.

Welk biologisch mechanisme kan deze bevindingen verklaren? Er kwamen enkele theorieën naar voren. Omega-3 vetzuren zijn in hoge concentraties aanwezig in hartweefsel, waar ze het hartritme lijken te reguleren en fatale aritmieën te voorkomen. Omega-3's onderdrukken ook de ontstekingsreactie, die omega-6's de neiging hebben om te verergeren. Ontsteking wordt nu beschouwd als een belangrijke rol bij hart- en vaatziekten en bij een groot aantal andere aandoeningen, waaronder reumatoïde artritis en de ziekte van Alzheimer. Omega-6's leveren componenten van een klasse pro-inflammatoire boodschapperchemicaliën die betrokken zijn bij de snelle reactie van het lichaam op een reeks problemen. Een zo'n bestanddeel is tromboxaan, dat bloedplaatjes stimuleert om stolsels te vormen. Ter vergelijking: omega-3 vetzuren vertragen de stollingsreactie, wat waarschijnlijk verklaart waarom populaties met bijzonder hoge niveaus van omega-3 vetzuren, zoals de Inuit, vatbaar zijn voor bloedingen. (Als er gevaar is bij overconsumptie van omega-3 vetzuren, kan het een bloeding zijn.)

De hypothese dat omega-3's beschermen tegen hartziekten is geïnspireerd op studies van de Groenlandse Eskimo's, die veel omega-

3's consumeren en zelden aan hartziekten lijden. Eskimo's die hun traditionele mariene dieet eten, hebben ook geen diabetes, en sommige onderzoekers denken dat het de omega-3 is die hen beschermt. Het is aangetoond dat het toevoegen van omega-3 vetzuren aan het dieet van ratten hen beschermt tegen insulineresistentie. (Hetzelfde effect is echter niet herhaald bij mensen.) De theorie is dat omega-3 vetzuren de doorlaatbaarheid van celmembranen en hun metabolisme verhogen. Kolibries hebben tonnen omega-3 vetzuren in hun celmembranen; grote zoogdieren, veel minder.) Een cel met een versneld metabolisme en een permeabel membraan zou uitzonderlijk goed moeten reageren op insuline en meer glucose uit het bloed opnemen om aan de verhoogde energiebehoefte te voldoen. Ditzelfde mechanisme suggereert dat diëten die rijk zijn aan omega-3 vetzuren ook zouden moeten beschermen tegen obesitas.

Dus waarom, zoals Susan Allport zegt, "laten populaties zich, wanneer ze de optie krijgen, van nature naar voedingsmiddelen met minder omega-3 gedreven"? Omdat een snellere stofwisseling de behoefte aan voedsel vergroot en daarmee de kans op verhongering, suggereert ze, wat veel minder prettig is dan overgewicht. Dit kan helpen verklaren waarom zoveel groepen zo snel mogelijk westerse diëten hebben aangenomen .

Het moet gezegd worden dat onderzoekers die omega-3's bestuderen misschien een beetje lijken op Dr. Casaubon in Middlemarch, toegewijd aan zijn 'Key to All Mythologies'. Evenzo lijken deze onderzoekers een Theory of Everything te bezitten, inclusief geluk. Dezelfde populatiestudies die een verband hebben aangetoond tussen omega-3-tekort en hart- en vaatziekten, hebben ook sterke correlaties gevonden tussen dalende niveaus van omega-3 in de voeding en een toename van depressie, zelfmoord en zelfs moord. Sommige onderzoekers koppelen omega-3-tekort ook aan leerstoornissen, zoals een aandachtstekortstoornis. Het feit dat omega-3 een belangrijke rol speelt in de mentale functie wordt sinds de jaren

tachtig erkend,
Is het mogelijk dat het probleem met het westerse dieet een groot tekort aan deze essentiële voedingsstof is? Een groeiend aantal onderzoekers heeft geconcludeerd dat dit het geval is, en ze zijn gefrustreerd over de traagheid van officiële voedingsadviezen om het probleem te herkennen. Dat erkennen zou natuurlijk betekenen dat we de fout toegeven van voedingsadviezen uit het verleden die vetten in het algemeen demoniseerden en de overstap naar omega-6-rijke zaadoliën bevorderden. Maar het lijkt waarschijnlijk dat de Amerikaanse regering vroeg of laat de minimale dagelijkse vereisten voor omega-3 vetzuren zal vaststellen (verscheidene andere regeringen hebben dit al vastgesteld) en op termijn zullen artsen ons misschien bevelen om tests uit te voeren om omega-3-spiegels te meten, aangezien we al hebben. doen om cholesterol te meten.

Van alle veranderingen in ons voedselsysteem onder de noemer "The Western Diet", is de overgang van een groene plantaardige voedselketen naar een op zaden gebaseerde voedselketen misschien wel de meest verstrekkende. Voedingswetenschappers richten zich op verschillende voedingsstoffen - of het probleem met moderne diëten nu te veel koolhydraten, te weinig goede vetten, te veel slechte vetten, te weinig micronutriënten of te veel totale calorieën zijn. Maar aan de basis van al deze biochemische veranderingen ligt een enkele ecologische verandering. De omschakeling van bladeren naar zaden beïnvloedt veel meer dan de niveaus van omega-3 en omega-6 in het lichaam. Het helpt ook de overvloed aan geraffineerde koolhydraten in het moderne dieet te verklaren , het gebrek aan zoveel micronutriënten en het overschot aan totale calorieën. Van bladeren tot zaden: het is bijna, zoniet precies, een Theory of Everything.

Hoofdstuk nr. 18

Van eetcultuur tot voedingswetenschap

Vóór het tijdperk van de moderne voeding - en vóór de opkomst van voedingsleer - vertrouwden mensen op wat ze moesten eten voor begeleiding van hun etnische of regionale culturen.

We beschouwen cultuur als een reeks overtuigingen en praktijken die onze relatie met anderen helpen bemiddelen, maar natuurlijk was cultuur - althans vóór de opkomst van de moderne wetenschap - ook instrumenteel in het helpen bemiddelen in de relatie van de mens met de samenleving. natuur. Omdat het eten een van de belangrijkste manifestaties van deze relatie is, hebben culturen veel te zeggen over wat, hoe, waarom, wanneer en hoeveel te eten. Het is duidelijk dat als het om eten gaat, cultuur synoniem is met de moeder, de figuur die de groep gewoonlijk manieren van eten overbrengt - manieren die trouwens alleen standhielden omdat ze mensen over het algemeen gezond hielden.

Je zou dit boek niet hebben gekocht of zo ver gelezen hebben als je eetcultuur intact en gezond was. En hoewel het waar is dat de meesten van ons gedachteloos de autoriteit van wetenschap boven cultuur stellen. In alle zaken die met onze gezondheid te maken hebben, moet dit vooroordeel op zijn minst worden onderzocht. De vraag die we moeten stellen is: zijn we beter af met deze nieuwe autoriteiten die ons vertellen wat we moeten eten dan met de traditionele autoriteiten die ze hebben vervangen? Het antwoord zou nu duidelijk moeten zijn.

Je zou kunnen zeggen dat we daar gewoon moeten accepteren dat fastfood onze eetcultuur is en ermee door moeten gaan. Na verloop van tijd zullen mensen eraan wennen om op deze manier te eten, en onze gezondheid zal verbeteren naarmate we ons aanpassen aan onze nieuwe voedselomgeving. En met de verbetering van de voedingswetenschap kunnen we misschien de ergste effecten van dit dieet corrigeren. Voedingswetenschappers vinden al manieren om omega-3 vetzuren in microcapsules in te kapselen en in ons met vitamine verrijkte brood te introduceren. Maar ik weet niet zeker of ik moet geloven in de voedingswetenschap, die ons tot nu toe geen goede dienst heeft bewezen, of in evolutie.

Er zijn enkele problemen met het gewoon proberen te wennen aan het westerse dieet. Je zou kunnen stellen dat we er, vergeleken met bijvoorbeeld de aboriginals of de Inuit, aan wennen - we worden meestal niet zo dik of zo diabetisch als zij. Maar onze "aanpassing" lijkt veel minder aannemelijk als je bedenkt dat, zoals eerder vermeld, een kwart van de Amerikanen lijdt aan het metabool syndroom, tweederde te zwaar of zwaarlijvig is en dat de meeste van hen al sterven aan voedingsgerelateerde ziekten. Het concept van een evoluerende voedselomgeving is niet alleen een metafoor; noch het idee om je aan die omgeving aan te passen. Als natuurlijke selectie onze aanpassing aan het westerse dieet zou bevorderen, zouden we bereid moeten zijn om degenen die het schaadt te laten sterven. En veel van de chronische ziekten die door het westerse dieet worden veroorzaakt, ontstaan wanneer we ouder zijn, voorbij de reproductieve leeftijd, een periode van ons leven waarin natuurlijke selectie niet geïnteresseerd is. Dus de genen die vatbaar zijn voor deze problemen worden doorgegeven in plaats van geëlimineerd. Dus wenden we ons tot de gezondheidszorg om ons te redden. Medicijnen leren hoe ze degenen in leven kunnen houden die het westerse dieet ziek maakt. Artsen hebben geleerd hartpatiënten in leven te houden en werken nu hard aan de behandeling van obesitas en diabetes. Kapitalisme is veel meer dan het menselijk lichaam, het is ongelooflijk flexibel en in staat om de problemen die het veroorzaakt om te zetten in nieuwe zakelijke kansen: afslankpillen, bypassoperaties van het hart, insulinepompen, bariatrische chirurgie. Maar hoewel fastfood een goede zaak kan zijn voor de gezondheidszorg, kunnen de kosten voor de samenleving - naar schatting $ 250 miljard per jaar aan snel stijgende voedingsgerelateerde gezondheidsuitgaven - niet eeuwig worden volgehouden. Een Amerikaan geboren in 2000 heeft een kans van één op drie om tijdens zijn leven diabetes te ontwikkelen; het risico is zelfs nog groter voor een Latijns-Amerikaan of een Afro-Amerikaan. Een diagnose van diabetes trekt ongeveer 12 jaar van iemands leven af, en leven met de ziekte in de Verenigde Staten brengt medische kosten met zich mee van $ 13.000 per jaar (vergeleken met $ 2.500 voor iemand zonder suikerziekte).

Dit is een wereldwijde pandemie in de maak, maar een totaal ongebruikelijke, omdat er geen virussen, bacteriën of microben bij betrokken zijn - slechts een soort voedsel. Het valt nog te bezien of we zullen reageren door ons dieet of onze cultuur en economie te veranderen. Hoewel geschat wordt dat 80% van de gevallen van diabetes type 2 voorkomen zou kunnen worden met een verandering in dieet en lichaamsbeweging, lijkt het erop dat slim kapitaal investeert in het creëren van een grote diabetesindustrie. De reguliere pers staat vol met advertenties voor nieuwe apparaten en nieuwe medicijnen voor diabetici, en de gezondheidszorg maakt zich op om te voldoen aan de groeiende vraag naar brugoperaties (80% van de diabetici zal hartziekten krijgen), dialyse en niertransplantaties.

Hoofdstuk nr. 19

Ontsnap aan het westerse dieet

De onderstroom van voedingsleer is krachtig en de afgelopen paar pagina's heb ik me er meer dan eens door meegesleept gevoeld. Je hebt misschien gemerkt dat veel van de voedingswetenschap die ik hier heb gepresenteerd, reductionistische wetenschap is, die zich richt op individuele voedingsstoffen (zoals bepaalde vetten, bepaalde koolhydraten of bepaalde antioxidanten) in plaats van hele voedingsmiddelen of voedingspatronen. schuldig. Maar het is waarschijnlijk onvermijdelijk om dit soort wetenschap te gebruiken om erachter te komen wat er mis is met het westerse dieet. Hoe onvolmaakt het ook is, het is het scherpste experimentele en verklarende instrument dat we hebben. Het voldoet ook aan ons verlangen naar een eenvoudige verklaring met één voedingsstof. Maar het is één ding om deze uitleg te voeden, iets heel anders, Je hebt misschien ook gemerkt dat veel van de wetenschappelijke theorieën die naar voren worden gebracht om uit te leggen wat precies in het westerse dieet verantwoordelijk is voor westerse ziekten , met elkaar in strijd zijn. De lipidehypothese is niet in overeenstemming te brengen met de koolhydraathypothese en de theorie dat een tekort aan omega-3-vetzuren (noem het de neolipidehypothese) primair verantwoordelijk is voor chronische ziekten, botst met de theorie dat koolhydraten de basis vormen. En hoewel iedereen het erover eens is dat de stroom van geraffineerde koolhydraten belangrijke voedingsstoffen uit het moderne dieet heeft verdreven, zijn de wetenschappers die tekortkomingen in deze micronutriënten de schuld geven van onze gezondheidsproblemen niet dezelfde wetenschappers die het suikerrijke dieet zien leiden tot het metabool syndroom en dus tot diabetes, hartaandoeningen en kanker.

Het is net zo natuurlijk voor wetenschappers als voor ons om naar een enkele, allesomvattende verklaring te zoeken. Misschien is dit de reden waarom je nu enkele van de meest fervente critici van de lipidenhypothese ziet die de koolhydratenhypothese omarmen met dezelfde absolutistische ijver die ze ooit in de Fat Boys veroordeelden. Tijdens mijn studie van deze theorieën ben ik specifiek gewaarschuwd door wetenschappers op het gebied van koolhydraten om me niet te laten betoveren door de omega-3-cultus. Sekte? Er is veel meer religie in de wetenschap dan je zou denken. Tijdens mijn studie van deze theorieën ben ik specifiek gewaarschuwd door wetenschappers op het gebied van koolhydraten om me niet te laten betoveren door de omega-3-cultus. Sekte? Er is veel meer religie in de wetenschap dan je zou denken. Tijdens mijn studie van deze theorieën ben ik specifiek gewaarschuwd door wetenschappers op het gebied van koolhydraten om me niet te laten betoveren door de omega-3-cultus. Sekte? Er is veel meer religie in de wetenschap dan je zou denken.

Dus hier zijn we weer, verdwaald tussen dwarsstromen van

tegenstrijdige wetenschappen. Zal het zijn?

Het blijkt dat we onze trouw aan geen van deze stromingen hoeven te verklaren om erachter te komen wat de beste manier is om onszelf te voeden. Uiteindelijk zijn het slechts theorieën, wetenschappelijke verklaringen voor een empirisch fenomeen dat op zich niet obscuur is: mensen die een westers dieet eten, krijgen een complex van chronische ziekten die zelden voorkomen bij degenen die meer traditionele diëten eten. Wetenschappers kunnen zeggen wat ze willen over de biologische mechanismen achter dit fenomeen, maar wat het ook is, de oplossing voor het probleem lijkt altijd hetzelfde te blijven: stop met het eten van een westers dieet.

In feite is de belangrijkste waarde van elke voedingstheorie, afgezien van het bevredigen van onze nieuwsgierigheid naar hoe dingen werken, niet zozeer voor de eter als wel voor de voedingsindustrie en de medische gemeenschap. De voedingsindustrie heeft theorieën nodig om specifieke bewerkte voedingsmiddelen beter uit te werken; een nieuwe theorie betekent een nieuwe productlijn, waardoor de industrie door kan gaan met het aanpassen van het westerse dieet in plaats van nog radicalere veranderingen aan te brengen in haar bedrijfsmodel. Voor de industrie verdient het natuurlijk de voorkeur om een wetenschappelijke onderbouwing te hebben om voedsel te blijven verwerken - of het nu gaat om het verminderen van vetten en koolhydraten,

Dus welk advies zou je ons geven voor een meer ecologische of culturele benadering van het voedselprobleem? Hoe kunnen we een plan maken om te ontsnappen aan het voedingspatroon en, op zijn beurt, aan de meer schadelijke effecten van het westerse dieet? Voor Denis Burkitt, een Engelse arts die tijdens de Tweede Wereldoorlog in Afrika was gestationeerd en de term 'westerse ziekten' bedacht, leek het antwoord eenvoudig, zij het intimiderend. "De enige manier waarop we ziekte kunnen verminderen", zei hij, "is door terug te gaan naar het dieet en de levensstijl van onze voorouders." Dit lijkt net zo gênant als de strategie van de diabetische aboriginals die terugkeerden naar het bos om te genezen. Maar denk niet dat Burkitt dat in gedachten had; zelfs als dat zo zou zijn, is het voor de meesten van ons geen erg aantrekkelijke of praktische benadering. Nee, de uitdaging waar we vandaag voor staan, is uitzoeken hoe we kunnen ontsnappen aan de ergste elementen van het westerse dieet en levensstijl zonder terug te gaan naar het bos.

In theorie is niets eenvoudiger. Om te ontsnappen aan het westerse dieet en de ideologie van voedingsleer, is het voldoende om te stoppen met eten en zo te denken. Maar dit is in de praktijk moeilijker te doen, gezien de verraderlijke voedselomgeving waarin we nu leven en het verlies van de culturele hulpmiddelen om ons er doorheen te leiden. Neem de kwestie van hele voedingsmiddelen versus bewerkte voedingsmiddelen, vermoedelijk een van de eenvoudigere verschillen tussen moderne industriële voedingsmiddelen en oudere soorten. Gyorgy Scrinis, die de term 'voedingskunde' heeft bedacht, suggereert dat het belangrijkste van elk voedsel niet de voedingsstoffen zijn die het bevat, maar de mate van verwerking. Hij zegt dat "hele voedingsmiddelen en industriële voedingsmiddelen de enige twee voedselgroepen zijn die ik zou overwegen op te nemen in een bruikbare 'piramide'". Met andere woorden,

Dit lijkt een verstandige vuistregel totdat je je realiseert dat industriële processen nu ook veel puur voedsel zijn binnengedrongen. Is een opgesloten kalfslapje vetgemest op een dieet van maïs, diverse industriële afvalstoffen, antibiotica en hormonen nog steeds een "puur voedsel"? Ik weet het niet zo zeker. De os zelf werd grootgebracht met een westers dieet, en door dat dieet verschilde het vlees aanzienlijk van het vlees dat onze voorouders aten, zowel qua type en vetgehalte als qua vitaminegehalte. De industriële opfok van de os heeft het vlees ook zo goedkoop gemaakt dat we het steeds vaker eten dan onze voorouders. Dit suggereert verder dat vlees in een andere zin een industrieel voedsel is geworden: het is ook ontworpen om industrieel te worden gegeten - zoals fastfood.

Dus plannen hoe we van het westerse dieet afkomen, is niet eenvoudig. Maar ik ben ervan overtuigd dat het kan, en in de loop van mijn onderzoek heb ik eenvoudige (en duidelijk onwetenschappelijke) vuistregels, of persoonlijk voedselbeleid, verzameld en ontwikkeld die ons in ieder geval op goede voet zouden kunnen brengen. Ze zeggen niet veel over specifiek voedsel - over met wat voor soort olie je moet koken of dat je vlees moet eten. Ze hebben ook niet veel te zeggen over voedingsstoffen of calorieën, hoewel het eten volgens deze regels de balans van voedingsstoffen en de hoeveelheid calorieën in je dieet zal veranderen. Ik ben niet geïnteresseerd in het dicteren van iemands menu, maar in het ontwikkelen van wat ik beschouw eetalgoritmen - mentale programma's die, indien geïnstalleerd wanneer je boodschappen doet of een maaltijd kiest, heel verschillende diners zullen produceren, op zijn best allemaal 'gezond' . brede zin van het woord.

En het concept dat we van dit woord hebben, moet een beetje worden uitgebreid. Wanneer de meesten van ons aan voedsel en gezondheid denken, denken we in zeer strikte voedingstermen - over onze fysieke gezondheid en hoe het consumeren of afwijzen van een bepaalde voedingsstof deze beïnvloedt. Maar ik denk dat het niet langer mogelijk is om lichamelijke gezondheid te scheiden van de gezondheid van de omgeving die produceert wat we eten of de omgeving waarin we eten, of, wat dat betreft, gezondheid vanuit ons algemene perspectief op voedsel (en gezondheid). Als ik iets heb geleerd van mijn verkenningen van de voedselketen, dan is het wel dat er een voedselketen is en dat al zijn schakels inderdaad met elkaar verbonden zijn: de gezondheid van de bodem, de gezondheid van de planten en dieren die we eten, de gezondheid van de eetcultuur waarin we eten, voor de fysieke en mentale gezondheid van degenen die eten. Daarom vindt u hier regels die niet alleen betrekking hebben op wat we eten, maar ook op de manier waarop we eten en de manier waarop voedsel wordt geproduceerd. Voedsel is niet alleen stapels chemicaliën; het omvat ook een reeks sociale en ecologische relaties, die het land en uiteindelijk de mensen bereiken. Sommige van deze regels lijken voor u misschien niet te corresponderen met gezondheid; in feite doen ze dat.

Veel van de beleidsmaatregelen zullen u ook toeschijnen dat er meer werk bij komt kijken - en dat ze inderdaad dichter bij het middelpunt van een goed geleefd leven stonden.

Dit boek begon met zeven woorden en drie regels: 'Eet voedsel. Niet in overmaat. Meestal groenten" – die ik nu moet uitpakken, met enige uitwerking en precisie in de vorm van meer specifieke richtlijnen, bevelen, subclausules, enz. Elk van deze drie hoofdregels dient als rubriek voor een reeks persoonlijke beleidslijnen om te leiden ons in onze voedselkeuzes zonder al te veel complicaties of te veel nadenken. Het idee achter het hebben van een eenvoudig beleid, zoals "vermijd voedingsmiddelen die beweringen doen over gezondheidsvoordelen", is om het proces minder gecompliceerd en aangenamer te maken dan te proberen te eten op basis van nutriëntennummers, zoals voedingswetenschap ons aanmoedigt om te doen.

Dus onder 'Eat Food' stel ik enkele praktische manieren voor om echt voedsel te scheiden - en te verdedigen - van de stortvloed van voedselachtige producten die ons nu omringen en verwarren, vooral in de supermarkt. Veel van de tips onder dit kopje hebben betrekking op winkelen en hebben de vorm van filters die bedoeld zijn om het soort producten dat u wilt vermijden, buiten de deur te houden. Onder "Meestal groenten" richt ik me meer specifiek en bevestigend op de beste soorten (niet-voedzame) voedingsmiddelen om te eten. Maak je geen zorgen, deze lijst bevat, zoals het bijwoord suggereert, meer dan alleen fruit en groenten. Ten slotte verschuift onder "Niet teveel" de focus van het

voedsel zelf naar de vraag hoe het te
eten.
de vormen, gebruiken, gewoontes die
nodig zijn voor de vorming van een
gezonde en aangename eetcultuur.

Hoofdstuk nr. 20

Meestal groenten

Als je jezelf kunt beperken tot bijna

altijd eten, wat het ook is, dan komt het waarschijnlijk goed. Een les die kan worden geleerd uit de ongelooflijke diversiteit aan traditionele diëten waarmee mensen over de hele wereld worden gevoed, is dat mensen zichzelf kunnen voeden met een verbazingwekkende verscheidenheid aan voedsel, zolang ze maar worden gegeten. Er zijn gezonde vetrijke en vetarme diëten, en dat is mogelijk zolang ze zijn gebaseerd op hele voedingsmiddelen en niet op sterk bewerkte voedingsproducten. Maar er zijn sommige hele voedingsmiddelen die beter zijn dan andere, en sommige manieren om ze te produceren en ze vervolgens te combineren tot maaltijden die de moeite waard zijn om op te letten. Daarom stelt deze sectie een aantal persoonlijk beleid voor met betrekking tot wat te eten, veel verder dan alleen "voedsel".

EET VOORAL GROENTEN. VOORAL BLADEREN. De wetenschappers
het niet eens zijn over wat er zo goed is

aan groenten - zijn het de antioxidanten? De vezels? Omega-3 vetzuren? - maar ze zijn het erover eens dat ze waarschijnlijk erg goed zijn voor je gezondheid en zeker niet schadelijk kunnen zijn. In al mijn interviews met voedingsdeskundigen waren de voordelen van een plantaardig dieet het enige punt van universele consensus. Zelfs voedingswetenschappers, gedisciplineerd door tientallen jaren van conflicten en verwarring over voedingsaanbevelingen, zouden mijn vraag beantwoorden: "Dus waar ben je nog zeker van?" met het advies "Eet meer groenten". (Al was Marion Nestle iets voorzichtiger: "Natuurlijk mag groente eten wel.")

Er is niet veel uitleg voor nodig om te weten dat groenten goed zijn voor de mens, maar het verhaal van vitamine C, een antioxidant waarvan de aanvoer voornamelijk afhangt van groenten, wijst op evolutionaire redenen die dit kunnen verklaren. In een ver verwijderd stadium van evolutie hadden onze voorouders het biologische vermogen om vitamine C, een essentiële voedingsstof, uit glucose te produceren.

Net als andere antioxidanten draagt vitamine C of ascorbinezuur op ten minste twee belangrijke manieren bij aan onze gezondheid. Verschillende routines van het lichaam, waaronder het celmetabolisme en het ontstekingsafweermechanisme, produceren "zuurstofradicalen" - zuurstofatomen met een ongepaard elektron waardoor ze bijzonder enthousiast zijn om te reageren.

met andere moleculen, waardoor ze allerlei complicaties kunnen veroorzaken. Vrije radicalen zijn betrokken bij veel gezondheidsproblemen, waaronder kanker en de verschillende aandoeningen die gepaard gaan met veroudering. (De productie van vrije radicalen neemt toe met de leeftijd.) Antioxidanten zoals vitamine C, absorberen en stabiliseren deze radicalen onschadelijk voordat ze hun schade kunnen aanrichten.

Maar antioxidanten doen ook iets anders voor ons: ze stimuleren de lever om de enzymen te produceren die nodig zijn om het oxidatiemiddel zelf af te breken, enzymen die, eenmaal geproduceerd, ook andere verbindingen blijven afbreken, inclusief eventuele gifstoffen die op de antioxidant lijken. Zo helpen antioxidanten het toxische effect van gevaarlijke chemische verbindingen, waaronder kankerverwekkende stoffen, teniet te doen, en hoe meer soorten antioxidanten in de voeding, hoe meer soorten gifstoffen het lichaam kan ontwapenen. Dit is een van de redenen waarom het zo belangrijk is om zoveel mogelijk verschillende plantensoorten te eten: ze hebben allemaal verschillende antioxidanten en helpen zo het lichaam om verschillende soorten gifstoffen te elimineren. (Het spreekt vanzelf dat hoe meer gifstoffen er in de omgeving zijn, hoe meer groenten je zou moeten eten.)

Dus onze biologische afhankelijkheid van groenten is oud en diep, dus het is geen wonder dat het eten ervan zo goed voor ons is. Er zijn tientallen onderzoeken die aantonen dat een dieet rijk aan groenten en fruit het risico op overlijden aan westerse ziekten vermindert. In landen waar mensen een pond of meer fruit en groenten per dag

eten, is de incidentie van kanker twee keer zo laag als in de Verenigde Staten. We weten ook dat vegetariërs minder vatbaar zijn voor de meeste westerse ziekten en daardoor langer leven dan de rest van ons. (Hoewel bijna-vegetariërs, 'flexitariërs' genoemd, net zo gezond zijn als vegetariërs.) Het is niet echt duidelijk waarom, maar de waarheid is dat ze dat wel zijn. De antioxidanten in groenten hebben vrijwel zeker een beschermend effect, maar omega-3 vetzuren (andere essentiële voedingsstoffen die we niet kunnen)
zelf produceren), hebben de vezels en meer andere plantcomponenten en synergieën die nog niet zijn erkend ook; zoals de studie van volle granen suggereert, is plantaardig voedsel meestal meer dan de som van hun voedingsstoffen.

De voordelen van een plantaardig dieet gaan waarschijnlijk verder dan wat erin zit: aangezien plantaardig voedsel – met uitzondering van zaden – minder energiegericht is dan de meeste andere, zal je met een plantaardig dieet waarschijnlijk minder calorieën consumeren (wat beschermt op zich tegen veel chronische ziekten). De zaaduitzondering suggereert waarom het belangrijk is om meer bladeren dan zaden te eten; terwijl ongeraffineerde zaden, waaronder volle granen en noten, zeer voedzaam kunnen zijn, bevatten ze veel calorieën, zoals past bij hun biologische rol als hulpmiddelen voor energieopslag. Pas als we groentezaden gaan verfijnen of exclusief eten en de rest van de groenten afwijzen, komen we in de problemen.

Dat gezegd hebbende, het eten van vlees in de enorme hoeveelheid die we doen (elke Amerikaan consumeert nu gemiddeld 200 pond vlees per jaar) is geen goed idee, vooral niet als dat vlees afkomstig is van een sterk geïndustrialiseerde voedselketen. Verschillende onderzoeken wijzen op de conclusie dat hoe meer vlees u in uw dieet heeft - vooral rood vlees - hoe groter uw risico op het krijgen van hartaandoeningen en kanker. Maar studies van flexitariërs suggereren dat kleine hoeveelheden vlees - minder dan één portie per dag - dit risico niet lijken te vergroten. Thomas Jefferson had waarschijnlijk gelijk toen hij aanraadde vlees meer als specerij dan als hoofdgerecht te gebruiken, en het te behandelen als een 'kruid voor groenten'.

Over welke stof in vlees moeten we ons precies zorgen maken (Verzadigd vet? Het type ijzer? De kankerverwekkende stoffen die ontstaan bij conserveren en koken?) is onduidelijk. Het probleem kan liggen in het feit dat het consumeren van te veel vlees groenten uit het dieet duwt. Maar door te veel bewerkt vlees te eten, worden we blootgesteld aan meer verzadigde vetten, omega-6-vetzuren, groeihormonen en kankerverwekkende stoffen dan we waarschijnlijk in onze voeding zouden willen. Vlees heeft de voor- en nadelen om aan de top van de voedselketen te staan: het verzamelt en concentreert veel van de voedingsstoffen uit de omgeving, maar ook veel van de gifstoffen.

Vlees is een goed bewijs van de stelling dat de gezondheid van een voedingsmiddel niet kan worden gescheiden van de gezondheid van de voedselketen die het heeft geproduceerd - de gezondheid van de bodem, planten, dieren en mensen zijn met elkaar verbonden, ten goede of ten kwade. Wat een speciale regel suggereert voor consumenten van dierlijke producten:

JE BENT OOK WAT JE EET WAT JE EET.
Het dieet van de dieren die we eten is gerelateerd aan de voedingskwaliteit en de gezondheid van het voedsel zelf, of het nu vlees, melk of eieren zijn. Dit zou vanzelfsprekend moeten zijn, maar het is een waarheid die routinematig wordt genegeerd door de industriële voedselketen in haar streven om grote hoeveelheden goedkope dierlijke eiwitten te produceren. Deze zoektocht veranderde het dieet van de meeste dieren die we consumeren van groenten in granen, omdat de dieren sneller groeien en meer melk en eieren produceren als ze een energiedieet krijgen. Maar sommige dieren die we eten, zoals runderen en schapen, zijn herkauwers die op gras zijn geëvolueerd - als ze te veel zaad eten, worden ze ziek; daarom moeten graangevoerde runderen antibiotica gebruiken. Zelfs dieren die het goed doen met graan,

zoals kippen en varkens, zijn veel gezonder als ze toegang hebben tot groenten, en

EET ALS EEN OMNIVOOR. Of je nu wel of geen dierlijke producten eet, het is een goed idee om wat nieuwe soorten aan je dieet toe te voegen, niet alleen nieuwe voedingsmiddelen. De verbazingwekkende diversiteit aan voedingsproducten die in de supermarkt worden aangeboden, is misleidend omdat veel van deze producten worden gemaakt met dezelfde kleine hoeveelheid groenten, en de meeste hiervan - zoals maïs, sojabonen en tarwe - zijn zaden. Hoe gevarieerder het dieet, hoe groter de kans dat het al uw voedingsbehoeften dekt.
Maar dit is een voedingskundig argument, en er is een beter argument, met een bredere kijk op gezondheid. Biodiversiteit in de voeding betekent meer biodiversiteit op de akkers. Het verkleinen van de monoculturen die ons nu voeden, betekent dat boeren niet zoveel pesticiden of kunstmest hoeven te spuiten, wat gezondere bodems, gezondere planten en dieren en, op zijn

beurt, gezondere mensen betekent. Uw gezondheid wordt niet beperkt door uw lichaam, en wat goed is voor de bodem, is waarschijnlijk ook goed voor u. Dat brengt ons bij een verwante regel:

EET GOED VOEDSEL DAT UIT GEZONDE BODEM IS GECULTIVEERD. Het zou zijn Het is veel eenvoudiger om te zeggen: "Eet biologisch voedsel", omdat het waar is dat gecertificeerd biologisch voedsel over het algemeen goed groeit in relatief gezonde bodems - bodems die zijn bemest met organisch materiaal in plaats van synthetische meststoffen. Maar er zijn uitzonderlijke boeren en veeboeren in de Verenigde Staten die om de een of andere reden niet biologisch zijn gecertificeerd en het voedsel dat ze produceren mag niet worden genegeerd. Het epitheton biologisch is belangrijk, maar het is niet het laatste woord over hoe je voedsel goed kunt verbouwen.

En tegenwoordig staat de supermarkt vol met verwerkte biologische voedingsproducten die niet veel beter zijn, althans vanuit gezondheidsoogpunt, dan hun conventionele tegenhangers. Biologische Oreo-koekjes zijn geen gezond voedsel. Wanneer Coca-Cola biologische cola begint te verkopen, wat zeker zal gebeuren, zal het bedrijf misschien het milieu hebben geholpen, maar niet onze gezondheid. De meeste consumenten gaan er instinctief van uit dat het woord 'biologisch' synoniem is met gezondheid, maar het maakt voor je insulinemetabolisme geen verschil als de fructose-glucosestroop in je frisdrank biologisch is.

Maar de superioriteit van authentiek voedsel dat op gezonde bodems wordt geteeld, lijkt duidelijk. Er is nu een klein maar toenemend aantal empirisch onderzoek dat de hypothese ondersteunt, voor het eerst naar voren gebracht door Sir Albert Howard en JI Rodale, dat bodems die rijk zijn aan organisch materiaal voedzamer voedsel produceren. Onlangs hebben enkele goed gecontroleerde vergelijkingen van biologisch en conventioneel geteelde gewassen aanzienlijk hogere niveaus van antioxidanten, flavonoïden, vitamines en andere voedingsstoffen gevonden in verschillende van de biologische gewassen. Het is duidelijk dat na een paar dagen vrachtvervoer door het hele land de voedingskwaliteit van elk type product zal verslechteren, dus idealiter zou je op zoek moeten gaan naar voedsel dat biologisch en lokaal is.

EET WILDE VOEDSEL ALS JE KUNT. Twee van 's werelds meest voedzame groenten zijn invasieve planten - mus en postelein - en enkele van de gezondste traditionele diëten, zoals de Middellandse Zee, gebruiken vaak wilde groenten. Velden en bossen wemelen van planten met hogere niveaus van verschillende fytochemicaliën dan hun gedomesticeerde neven. Omdat? Omdat deze planten plagen en ziekten moeten weren zonder onze hulp, en omdat we historisch gezien geneigd zijn eetbare planten te selecteren en te kweken vanwege hun zoetheid; veel van de defensieve stoffen die planten produceren, zijn bitter. Wilde groenten hebben ook meestal hogere niveaus van omega-3-vetzuren dan hun binnenlandse neven, die zijn geselecteerd om langer mee te gaan nadat ze zijn geplukt.

Maar ik aarzel om het eten van wild voedsel aan te bevelen, omdat zovelen worden bedreigd; veel scholen staan op instorten vanwege overbevissing. Tot nu toe creëren alle aanbevelingen die ik hier heb gedaan geen conflict tussen wat het beste is voor uw gezondheid en wat het beste is voor het milieu. In feite ondersteunen de meeste van hen veehouderijpraktijken die de gezondheid van land en water ten goede komen. Maar deze niet, het spijt me te moeten zeggen. Het aantal wilde dieren dat overblijft is niet voor iedereen voldoende om ze te consumeren (met uitzondering misschien van herten en wilde zwijnen), en zeker is het aantal zoet- of zoutwatervissen onvoldoende. Gelukkig zijn er echter enkele van de meest populaire vissoorten

voedzaam voedsel, waaronder zalm, makreel, sardines en ansjovis, wordt goed gecontroleerd en in sommige gevallen zelfs overvloedig. Negeer deze vette visjes niet.

WEES HET TYPE PERSOON DAT SUPPLEMENTEN NEEMT. We weten dat de mensen die supplementen nemen zijn vaak gezonder dan anderen, en we weten ook dat in gecontroleerde onderzoeken de meeste supplementen die ze nemen niet lijken te werken. Het lijkt erop dat gebruikers van supplementen gezonder zijn om redenen die niets met pillen te maken hebben: ze zijn meestal gezondheidsbewuster, hoger opgeleid en welvarender. Wees dus, voor zover mogelijk, het type persoon dat supplementen zou nemen, en bespaar dan je geld.

Veel van de voedingsdeskundigen die ik heb geraadpleegd, raden aan om een multivitamine te nemen, vooral als je ouder wordt. Strikt genomen zou je dieet je op zijn minst moeten voorzien van alle micronutriënten die je nodig hebt om gezond te zijn, vooral als je echt voedsel en veel groenten eet. We zijn tenslotte geëvolueerd om alles wat ons lichaam nodig heeft uit de natuur te halen, en we zouden hier niet zijn als we het niet zouden kunnen krijgen. Maar natuurlijke selectie heeft niet veel interesse in onze gezondheid of overleving nadat we de reproductieve leeftijd hebben gepasseerd, en naarmate we ouder worden, neemt onze behoefte aan antioxidanten toe, terwijl het vermogen van het lichaam om ze uit voedsel op te nemen afneemt. Het is dus waarschijnlijk een goed idee, en het kan zeker geen kwaad, om na de leeftijd van 50 een vitamine- en mineralenpil te nemen.

EET MEER ALS DE FRANSEN. OF DE ITALIANEN. OF DE JAPANSE. OF DE INDIANEN. OF DE GRIEKEN. Afgezien van de factoren

Het is verwarrend dat degenen die volgens de regels van een traditionele eetcultuur eten, vaak veel gezonder zijn dan degenen die een hedendaags westers dieet volgen. Dit geldt zowel voor de Japanse en andere Aziatische diëten als voor de traditionele diëten van Mexico, India en het Middellandse Zeegebied, inclusief Frankrijk, Italië en Griekenland. Misschien zijn er uitzonderingen op de regel - je moet jezelf afvragen over het Oost-Europese dieet of het Joodse dieet van mijn voorouders. Maar wie weet? Kippen- en eendenvet kan veel gezonder blijken te zijn dan wetenschappers nu denken.

(Weston Price zou zeker niet verbaasd zijn.) Ik ben geneigd te denken dat elk traditioneel dieet voldoende is; als het niet voor gezond eten was, zouden het dieet en de mensen die het volgden er niet meer zijn.

Er zijn natuurlijk twee aspecten aan een traditioneel dieet - de inhoud en vorm van het voedsel van een cultuur - en beide kunnen even belangrijk zijn voor onze gezondheid. Laten we eerst de inhoud van diëten behandelen en de vorm, of eetgewoonten, overlaten aan de volgende sectie.

In sommige opzichten lijken traditionele diëten op andere volkstaalcreaties van de cultuur, zoals architectuur. In een lang en progressief proces van vallen en opstaan ontdekken culturen wat werkt: hoe we menselijke behoeften het beste kunnen verzoenen met wat de natuur ons op een bepaalde plek te bieden heeft. Daarom weerspiegelt de helling van een dak de hoeveelheid regen of sneeuw in een bepaalde regio, en wordt steiler naarmate er meer neerslag valt, en zoiets als de mate van kruidigheid van een keuken weerspiegelt op een andere manier het lokale klimaat. Het eten van pittig voedsel helpt mensen kalm te blijven; veel specerijen hebben ook antimicrobiële eigenschappen, wat belangrijk is in warme klimaten waar voedsel snel bederft. En inderdaad vonden de onderzoekers dat,

Natuurlijk gaan traditionele keukens niet alleen over gezondheid of zelfs biologie; veel culinaire praktijken zijn willekeurig en mogelijk zelfs slecht aangepast, zoals het polijsten van rijst. De keuken kan puur culturele functies hebben; ze zijn een van de manieren waarop een samenleving haar identiteit uitdrukt en haar verschillen met anderen onderstreept. (Religieuze voedselvoorschriften zoals kashruth of halal vervullen deze functie voor respectievelijk joden en moslims.) Deze culturele doeleinden kunnen verklaren waarom keukens de neiging hebben om verandering te weerstaan; er wordt vaak gezegd dat de laatste plaats om te zoeken naar tekenen van assimilatie in het huis van een immigrant in de voorraadkast is. Hoewel, zoals voedingspsycholoog Paul Rozin laat zien,

Echter, meer dan veel andere culturele

praktijken, is eten een
diep geworteld in de natuur - de menselijke biologie aan de ene kant en de natuurlijke wereld aan de andere kant. De specifieke combinaties van voedingsmiddelen in een keuken en de manieren waarop ze worden bereid, vormen een diep reservoir van verzamelde wijsheid over voeding, gezondheid en plaats. Veel traditionele culinaire praktijken zijn het product van een soort bioculturele evolutie waarvan de vindingrijkheid de moderne wetenschap af en toe veel later ontdekt. In Latijns-Amerika wordt maïs traditioneel gegeten met bonen; elk van deze planten heeft een tekort aan een essentieel aminozuur dat overvloedig aanwezig is in de andere, dus samen vormen maïs en bonen een uitgebalanceerd dieet in afwezigheid van vlees. Evenzo wordt maïs in deze landen traditioneel gemalen of geweekt met limoen, waardoor een B-vitamine beschikbaar komt in maïs, waarvan de afwezigheid kan de deficiëntieziekte pellagra veroorzaken. Maar al te vaak worden mensen ziek wanneer een samenleving een nieuw voedingsmiddel

adopteert zonder de omringende eetcultuur, zoals toen maïs in Europa, Afrika en Azië arriveerde. De context waarin een levensmiddel wordt gegeten, kan net zo belangrijk zijn als het voedsel zelf.

De eeuwenoude Aziatische praktijk van het fermenteren van sojabonen en het eten van sojabonen in de vorm van kazen die tofu worden genoemd, vormt een gezond dieet van een plant die, op vrijwel elke andere manier gegeten, mensen zou schaden. De sojaboon zelf is een weinig belovend hoofdvoedsel; bevat een complete selectie van "antinutriënten" - verbindingen die de opname van vitamines en mineralen door het lichaam effectief blokkeren, het hormonale systeem verstoren en voorkomen dat het lichaam de eiwitten in soja zelf afbreekt. Het was nodig voor de voedingsculturen van Azië om te ontdekken hoe deze schadelijke plant om te zetten in een zeer voedzaam voedsel. Door de geplette sojabonen in water te koken tot een soort melk en vervolgens gips (calciumsulfaat) toe te voegen om de eiwitten neer te slaan,

Dus hoe verschillen deze traditionele

"voedselverwerkings"-methoden van nieuwere soorten voedselwetenschap? Alleen in die zin dat traditionele methoden de tand des tijds hebben doorstaan en mensen generatie na generatie goed gevoed en gezond hebben gehouden. Een van de kenmerken van een traditioneel dieet is het essentiële conservatisme. Voedseltradities weerspiegelen een lange ervaring en belichamen vaak een voedingslogica die we niet lichtvaardig moeten verlaten. Denk dus eens aan deze onderverdeling van de regel over het vasthouden aan een traditioneel dieet:

KIJK MET SCREPTISME NAAR NIET-TRADITIONELE VOEDSEL. de innovatie

Het is interessant, maar als het gaat om iets als eten, loont het om nieuwe dingen voorzichtig te benaderen. Als diëten het product zijn van een evolutionair proces, is een nieuw voedingsmiddel of culinaire innovatie vergelijkbaar met een mutatie: het kan een revolutionaire verbetering zijn, maar meestal is het dat niet. Het was heel interessant toen de moderne architectuur afzag van schuine daken;

aan de andere kant leken de platte daken die ze vervingen vaak te lekken.

Soja geeft opnieuw een interessant voorbeeld. Amerikanen eten meer sojaproducten dan ooit tevoren, grotendeels dankzij de vindingrijkheid van een industrie die graag de enorme hoeveelheden gesubsidieerde soja van boerderijen in de Verenigde Staten en Zuid-Amerika wil verwerken en verkopen. Maar tegenwoordig eten we soja op manieren die Aziatische culturen met veel meer ervaring met de plant niet zouden herkennen: het "geïsoleerde soja-eiwit", de "soja-isoflavonen", het "getextureerde plantaardige eiwit" van soja en sojaolie (die nu voor een vijfde van de calorieën in het Amerikaanse dieet) druppelen in duizenden bewerkte voedingsmiddelen, waardoor Amerikanen tegenwoordig meer soja eten dan Japanners of Chinezen.

Maar er zijn vragen over de gezondheidsimplicaties van deze nieuwe voedingsproducten. Soja-isoflavonen, die in bijna alle sojaproducten worden aangetroffen, zijn oestrogeenachtige verbindingen en binden in feite aan menselijke oestrogeenreceptoren. Maar het is onduidelijk of deze zogenaamde fyto-oestrogenen zich daadwerkelijk als oestrogeen in het lichaam gedragen of het lichaam gewoon laten denken dat het oestrogeen is. Hoe het ook zij, fyto-oestrogenen kunnen een (goed of slecht) effect hebben op het ontstaan van bepaalde vormen van kanker, op overgangsklachten en op de werking van het endocriene systeem. Vanwege deze onzekerheden heeft de FDA niet ingestemd met het verlenen van de GRAS-status (algemeen beschouwd als veilig) aan soja-isoflavonen die als voedseladditief worden gebruikt. Zoals een senior wetenschapper bij het National Center for Toxicology Research van de FDA zei: "De zekerheid dat sojaproducten veilig zijn, is meer gebaseerd op overtuiging dan op harde gegevens." Totdat die gegevens binnenkomen, voel ik me meer ontspannen bij het eten van soja die op de traditionele Aziatische manier is bereid dan bij het volgen van nieuwe recepten die zijn ontwikkeld door verwerkers zoals Archer Daniels

Midland.

KIJK NIET NAAR HET MAGISCHE ELEMENT VAN HET TRADITIONELE DIEET.

Dus omdat voedingsmiddelen meer zijn dan de som van hun voedingsstoffen, lijken voedingspatronen meer te zijn dan de som van de voedingsmiddelen waaruit ze bestaan. Er is al veel inkt gebruikt om de componenten van het mediterrane dieet te scheiden en te analyseren, in de hoop de X-factor te identificeren die verantwoordelijk is voor de gezondheid ervan: is het olijfolie? De vissen? De groenten? de look? de noten? De Franse paradox is ook op verschillende manieren toegeschreven aan de gezonde effecten van rode wijn, olijfolie en zelfs foie gras (lever is rijk aan B-vitamines en ijzer). Maar wanneer onderzoekers een voedingsmiddel isoleren van een dieet van bewezen waarde, kan dat voedsel vaak niet voldoende verklaren waarom mensen op dat dieet langer leven of minder hartaandoeningen of kanker hebben dan degenen die een dieet volgen. moderne westerse voeding.

Sommige van deze voedselonderdelen

zijn flagrant in tegenspraak met het wetenschappelijk denken over gezond eten. Volgens de normen van de meeste officiële richtlijnen eten de Fransen slecht: verzadigd vet en te veel wijn. De Grieken hebben ook hun eigen paradox; ondanks de aanbeveling dat we niet meer dan 30% van onze calorieën uit vet halen, krijgen ze 40%, bijna allemaal in de vorm van olijfolie. Dus gaan onderzoekers op zoek naar synergie tussen voedingsstoffen: kunnen de antioxidanten in rode wijn?

helpen bij het metaboliseren van vetten? Misschien. Maar het lijkt onwaarschijnlijk dat één enkel voedingsmiddel, voedingsmiddel of mechanisme de Franse paradox verklaart; waarschijnlijker is dat we op een dag zullen beseffen dat er nooit een paradox is geweest. Voedselparadoxen kunnen het beste worden gezien als storingen in het denken van voedingsdeskundigen, een teken dat er iets mis is met de wetenschappelijke consensus in plaats van met het betreffende dieet.

Mas a busca da definição do fator X nas dietas das populações saudáveis (o

PubMed, um índice acadêmico de artigos científicos sobre medicina, lista 257 entradas sob a rubrica "Paradoxo Francês" e mais mediterraans") é compreensivelmente curiosa e porque o nutricionismo o exige. Bekijk de ingrediënten van de identificado, de ingrediënten van de poderiam de reelaborados para contê-lo em maior quantidade, en de poderíamos comer tanto quanto antes. Een única maneira de lucrar com a sabedoria das dietas tradicionis (à parte de escrever livros sobre elas) é decompô-las usando a ciência reducionista e vendê-las por seus nutrientes.

Zoals de auteurs van de eerste studie aangeven, is de kracht van een dergelijke benadering:

die "meer overeenkomt met de echte wereld" in die zin dat het "complexe interacties tussen nutriënten en niet-voedingsstoffen kan verklaren in onderzoeken van onafhankelijk levende mensen". De zwakte is dat een dergelijke benadering "niet precies kan zijn met betrekking tot de specifieke voedingsstoffen die verantwoordelijk zijn" voor welke gezondheidseffecten er ook worden waargenomen. Het is duidelijk dat dit alleen een zwakte is vanuit het oogpunt van een voedingsdeskundige. Het onvermogen om de fundamentele voedingsstof te lokaliseren is veel belangrijker voor de wetenschapper (en de voedingsindustrie) dan voor ons die "zelfstandig" eten in de echte wereld.

NEEM EEN GLAS WIJN BIJ HET DINER. Wijn is misschien niet de X-factor in het Franse of mediterrane dieet, maar het lijkt deel uit te maken van die eetpatronen. Tegenwoordig is er voldoende wetenschappelijk bewijs voor de gunstige effecten van alcohol om toe te voegen aan traditionele overtuigingen en ervaringen die al eeuwenlang worden gerapporteerd. Rekening houdend met de gezondheids- en maatschappelijke effecten van alcoholisme, zijn volksgezondheidsfunctionarissen niet bereid om alcoholgebruik aan te bevelen, maar het feit is dat mensen die matig en regelmatig drinken, langer leven en minder hartaandoeningen hebben. dan geheelonthouders. Het lijkt erop dat elk type alcoholische drank het risico op hartaandoeningen vermindert, maar de polyfenolen die aanwezig zijn in rode wijn (met name resveratrol) blijken unieke beschermende eigenschappen te hebben. De voordelen voor het hart nemen toe bij het drinken van maximaal vier glazen drank per dag (afhankelijk van uw grootte), maar die hoeveelheid drinken verhoogt uw risico om te overlijden aan andere oorzaken (waaronder bepaalde vormen van kanker en ongevallen), dus de meeste deskundigen raden een maximum van twee glazen per dag voor mannen en één voor vrouwen. De gezondheidsvoordelen van alcohol kunnen afhangen van zowel het patroon als de hoeveelheid drinken: elke dag een beetje drinken is beter dan veel drinken in het weekend, en drinken op een volle maag is beter dan drinken op een lege maag. (Voedsel verzacht enkele van de schadelijke effecten van alcohol door de opname ervan te vertragen.) En een dieet dat bijzonder rijk is aan plantaardig voedsel, zoals Frans en Mediterraans, levert precies de B-vitamines die het drinken van alcohol verbrandt.